인생이 즐거워지고 비즈니스가 ~~즐거워지는~~
SNS소통연구소 교육 소개

KB005687

▶ SNS소통연구소는 2010년 3월부터 뉴미디어 마케팅 교육(스마트폰, SNS마케팅, 유튜브 크리에이터, 프리젠테이션, 컴퓨터 활용 등)을 진행해오고 있으며 2,500여 명의 스마트폰활용 지도사를 양성해오고 있으며 전국 65여 개의 지부 및 지국을 운영 해오고 있습니다.

▶ **교육 문의** : 010-9967-6654 / 010-9793-3265   ▶ **이메일** : snsforyou@gmail.com

현재 전국에 수백 명의 스마트폰 활용지도사 자격증을 취득한 뉴미디어 마케팅 전문 강사들이 강사로 활동 중에 있습니다.

▶ 스마트폰 활용지도사 2급 및 1급 자격증
- 스마트폰 기본 활용부터 스마트폰 UCC, 스마트폰 카메라, 스마트워크, 스마트폰 마케팅 교육 등 스마트폰 전문강사를 양성하고 있습니다.

▶ 유튜브 크리에이터 전문지도사 2급 및 1급 자격증
- 유튜브 기본 활용부터 실전 유튜브 마케팅까지 실질적으로 도움이 되고 돈이 되는 교육을 실시하고 있습니다.

▶ SNS마케팅 전문지도사 2급 및 1급 자격증
- 다양한 SNS채널을 활용해서 고객을 유혹하고 매출을 증대시킬 수 있는 실전 노하우와 SNS마케팅 효과를 극대화하기 위한 광고 전략 교육을 하고 있습니다.

▶ 프리젠테이션 전문지도사 2급 및 1급 자격증
- 기업체에서 발표자료를 만들거나 제안서를 만들 때 꼭 알고 활용해야 할 프리젠테이션 제작 노하우를 중점적으로 교육하고 있습니다.

▶ 스마트워크 전문지도사 2급 및 1급 자격증
- 스마트폰 및 SNS을 활용해서 실전에 꼭 필요한 기능과 업무효율을 높일 수 있는 노하우에 대해서 교육을 진행하고 있습니다.

▶ 비대면 강의 교육 전문지도사 2급 및 1급 자격증
- 코로나 시대! 팬데믹 시대! 꼭 필요한 교육으로 다양한 비대면 프로그램 활용과 온라인상에서 소통을 원활히 할 수 있는 클리커 프로그램을 효율적으로 사용할 수 있는 노하우 교육을 진행하고 있습니다.

책을 내면서...

　이 책은 비즈니스를 하시는 분들뿐만 아니라 업무효율을 높이고자 하시는 모든 분들에게 필요한 책입니다.

　이 책이 나오게 된 가장 큰 이유는 SNS소통연구소 소속 강사 수백 명이 전국에 있는 공공기관 및 일반 기업체와 단체에서 강의를 하고 있지만, 스마트폰 활용 및 스마트워크 강의를 진행하다 보면 생각보다 유용한 기능 활용을 제대로 못 하는 분들이 많다는 의견들이 공통으로 나옵니다.

　그러다 보니 수강생분들이 강의가 끝나고 나면 스마트폰이나 업무효율을 높일 수 있는 책을 추천해 달라는 요청들이 많습니다.

　SNS소통연구소는 스마트폰 책부터 SNS, 컴퓨터, 프리젠테이션 등 다양한 분야의 책을 출간하고 있지만, 내용이 너무 광범위하다 보니 딱히 요구하는 책을 추천하기가 쉽지 않았습니다.

　그래서 많은 고민 끝에 아예 비즈니스를 하시는 분들에게 꼭 필요한 부분만 선정해서 책을 쓰게 되었습니다.

　특히나, 공공기관이나 기업체에서 팀장급 이상이나 퇴직 예정자분들을 대상으로 강의를 하다 보면 깜짝 놀라는 경우가 많습니다. (젊은 분들도 모르는 건 마찬가지입니다.)

　그 이유 중의 하나가 정말 스마트폰 기본 활용에 대해서 기초적인 것도(예 : 음성으로 문자 보내기, 카카오톡 기본 활용 등) 모르는 경우가 많아 놀라는 경우가 많습니다.

　다들 처음에는 '스마트폰 뭐 배울 거 있나?' 이런 반응을 보이시는데 막상 몇 시간 배워보고 난 후에는 이구동성으로 진작에 이런 걸 먼저 배워서 활용하면 좋은데 왜 안 배웠는지 모르겠다고 말씀들 하십니다.

스마트폰이나 PC에서 업무시간을 단축시킬 수 있는 음성으로 타이핑하기, 회의 녹취록을 바로 텍스트로 변환해서 회의 결과자료를 쉽고 빠르게 만들기, 서류나 자료 등을 바로 스마트폰으로 스캔해서 텍스트로 추출하거나 PDF 자료로 변환해서 공유하기 등 몇 가지만 알아도 현재 일하는 데 많은 도움이 될 것입니다.

　이 책에서 다루고 있는 내용만 제대로 숙지해서 활용한다면 하루에 최소 1시간 이상은 업무시간을 단축할 수 있을 것입니다.
　대한민국 발전을 위해 공공기관과 기업체에서 열심히 일하시는 분들이 이 책을 보고 제대로 배우고 익히면 업무 효율이 올라가고 일의 효율성과 효과성을 극대화할 수 있습니다.

　업무 효율이 올라가면 남는 시간에 보다 생산적이고 자기 계발에 투자하는 시간을 늘려 보다 여유로운 삶을 살아가는 데 많은 도움이 될 것입니다.

　그리고 대한민국에서 교육자로 활동하시는 대학교 교수님, 학교 선생님, 민간 교육을 하시는 강사님들도 이 책을 통해 조금이나마 스마트해지셔서 많은 도움을 받으셨으면 합니다.

　부디 많은 분들이 이 책을 통해 조금이나마 스마트해지시고 편하게 업무를 보셨으면 하는 바람입니다.

★ 스마트폰 활용지도사 자격증에 대해서 아시나요?
(과학기술정보통신부가 검증하고 한국직업능력개발원이 관리하는
스마트폰 자격증 취득에 관심 있으신 분들은 살펴보세요.)

★ 상담 문의
이종구 010-9967-6654
E-mail : snsforyou@gmail.com
카톡 ID : snsforyou

★ 스마트폰 활용지도사 1급
- 해당 등급의 직무내용
초/중/고/대학생 및 성인 남녀노소 누구에게나 스마트폰 활용교육 및 SNS 기본 교육을 실시할 수 있습니다.
개인 및 소기업이 브랜딩 전략을 구축하는 데 있어 저렴한 비용을 들여 브랜딩 및 모바일 마케팅 전략을 구축할 수 있도록
필요한 교육을 할 수 있습니다.

★ 스마트폰 활용지도사 2급
- 해당 등급의 직무내용
시니어 실버분들에게 스마트는 활용교육을 실시할 수 있습니다. 개인 및 소기업이 모바일 마케팅 전략을 구축하는데 있어
기본적인 교육을 할 수 있습니다. 1인 기업 및 소기업이 스마트워크 시스템을 구축하는데 제반 사항을 교육할 수 있습니다.

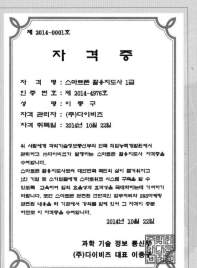

★ 시험 일시 : 매월 둘째 주, 넷째 주 일요일 5시부터 6시까지 1시간
★ 시험 과목 : 2급 - 스마트폰 활용 분야 / 1급 - 스마트폰 SNS마케팅
★ 합격점수 : 1급 - 80점 이상(총 50문제 각 2점씩 100점 만점에 80점 이상
　　　　　　　　　　주관식 10문제 포함)
　　　　　　　 2급 - 80점 이상(총 50문제 각 2점씩 100점 만점에 80점 이상)

★ 시험대비 공부방법
1. 스마트폰 활용지도사 2급 교재 구입 후 공부하기
2. 정규수업 참여해서 공부하기
3. 유튜브에서 [스마트폰 활용지도사] 채널 검색 후 관련 영상 시청하기

★ 시험대비 교육일정
1. 매월 정규 교육을 SNS소통연구소 전국 지부에서 실시하고 있습니다.
2. 스마트폰 활용지도사 SNS소통연구소 블로그
　　(blog.naver.com/urisesang71) 참고하기
3. 소통대학교 사이트 참조 (www.snswork.com)
4. NAVER 검색창에 (SNS소통연구소)라고 검색하세요!

★ 스마트폰 활용지도사 자격증 취득 시 혜택
1. SNS 상생평생교육원 스마트폰 활용 교육 강사 위촉
2. SNS소통연구소 스마트폰 활용 교육 강사 위촉
3. 스마트 소통 봉사단에서 교육받을 수 있는 자격부여
4. SNS 및 스마트폰 관련 자료 공유
5. 매월 1회 세미나 참여 (정보공유가 목적)
6. 향후 일정 수준이 도달하면 기업제 및 단체 출강 가능
7. 그 외 다양한 혜택 수여

★ 시험 응시료 : 3만원
★ 자격증 발급비 : 7만원

1. 일반 플라스틱 자격증.
2. 종이 자격증 및 우단 케이스 제공.
3. 스마트폰 활용지도사 강의자료
　　제공비 포함.

유튜브 크리에이터 전문 지도사 시험

매월 1째,3째 일요일
오후 5시부터 6시까지

유튜브 크리에이터 전문 지도사가
즐거운 대한민국을 만들어갑니다!

- **자격명 : 유튜브 크리에이터 전문 지도사 2급 및 1급**

- **자격의 종류 : 등록(비공인) 민간자격**

- **등록번호 : 제 2020-003915 호**

- **자격 발급 기관 : 에스엔에스소통연구소**

- **총 비용 : 100,000원**

- **환불규정**
  ①접수마감 전까지 100% 환불 가능(시험일자 기준 7일전)
  ②검정 당일 취소 시 30% 공제 후 환불 가능

- **시험문의**
  SNS 소통연구소 이종구 소장 : 010-9967-6654

SNS소통연구소
자격증 교육 교재 리스트

스마트폰 활용 교육 전문가들을 위한 책
(스마트폰 활용지도사 2급 교재)

SNS마케팅 교육 전문가 양성 과정 책
(스마트폰 활용지도사 1급 교재)

UCC제작과 유튜브 크리에이터
양성을 위한 책
(유튜브 크리에이터 전문지도사
2급 및 1급 교재)

스마트한 강사를 위한 길라잡이
(컴퓨터 활용 전문지도사 2급 교재)

1   SNS소통연구소 주요 사업 콘텐츠

SNS소통연구소 지부 및 지국 활성화

2010년 4월부터 교육을 시작한 SNS소통연구소는
현재 전국에 65여 개의 지부 및 지국을 운영 중

스마트폰 활용지도사
(국내 최초! 국내 최고!)

2014년 10월 스마트폰 활용지도사 민간 자격증 취득
2급과 1급 과정을 운영 중이며 현재 2,800여 명 이상 지도사 양성

실전에 필요한 전문 교육
(다양한 분야 실전 교육 중심)

일반 강사들에게도 꼭 필요한 전문 교육을 실시함
(SNS마케팅, 프리젠테이션, 컴퓨터 활용 등)

SNS소통연구소 출판사

2011년 11월부터 SNS소통연구소 출판사 운영
스마트폰 활용 및 SNS마케팅 관련된 책 39권 출판
강사들에게 필요한 다양한 분야의 책을 출간 진행 중

◆ 뉴미디어 마케팅 교육 문의
(스마트폰 활용, SNS마케팅, 유튜브 크리에이터, 프리젠테이션, 컴퓨터 활용 등)

▶ SNS소통연구소 직통전화 : 010-9967-6654
▶ 소통대학교 직통전화 : 010-9793-3265

▶ 사회복지사란? 청소년, 노인, 가족, 여성, 장애인 등 사회적 약자에 대한 복지 정책 및 공공 복지서비스가 증대함에 따라 사회적인 문제로 어려움을 겪는 이들을 돕는 직업

▶ 스마트폰활용지도사란? 개인이 즐거운 인생을 살아가는 데 도움을 드리고 소상공인들에게 풍요로운 비즈니스를 할 수 있도록 도움을 드리는 직업

스마트폰 활용지도사가 디지털 문맹 퇴치 운동에 앞장서고 즐거운 대한민국을 만들어 가는데 초석이 되었으면 합니다.

서울/경기북부	울산지부	부산지부
스마트 소통 봉사단	**스폰지**	**모바일**
2018년 6월부터 매주 수요일 오후 2시부터 5시까지 스마트폰 활용지도사들이 소통대학교에 모여서 강사 트레이닝을 목적으로 운영되고 있음 (기관 및 단체 재능기부 교육도 진행)	매월 정기모임을 통해서 스마트폰 활용지도사의 역량개발과 지역주민들을 위해 스마트폰 활용 교육 봉사활동 진행	모든 것이 바라는 대로 이루어집니다! 매월 정기모임을 통해서 스마트폰 활용지도사의 역량개발과 지역주민들을 위해 스마트폰 활용 교육 봉사활동 진행
제주지부	**경기남부**	**경북지부**
제스봉	**폰도사**	**스소사**
제주도 스마트폰 봉사단 매월 정기모임을 통해서 스마트폰 활용지도사의 역량개발과 지역주민들을 위해 스마트폰 활용 교육 봉사활동 진행	스마트폰도사! 매월 정기모임을 통해서 스마트폰 활용지도사의 역량개발과 지역주민들을 위해 스마트폰 활용 교육 봉사활동 진행	스마트하게 소통하는 사람들 경북지부 스마트폰 봉사단 매월 정기모임을 통해서 스마트폰 활용지도사의 역량개발과 지역주민들을 위해 스마트폰 활용 교육 봉사활동 진행

SNS소통연구소 전국 지부 및 지국 현황

서울 (지부장-소통대)	강남구 (지국장-최영하)	강서구 (지국장-문정임)	관악구 (지국장-손희주)	광진구 (지국장-서순례)	강북구 (지국장-명다경)	강동구 (지국장-윤진숙)
	노원구 (지국장-전윤이)	동작구 (지국장-최상국)	동대문구 (지국장-김종현)	도봉구 (지국장-오영희)	마포구 (지국장-김용금)	송파구 (지국장-문윤영)
	서초구 (지국장-선수옥)	성동구 (지국장-이명애)	성북구 (지국장-조선아)	양천구 (지국장-송지열)	용산구 (지국장-최영옥)	영등포구 (지국장-김은정)
	은평구 (지국장-노승유)	중구 (지국장-유화순)	중랑구 (지국장-정호현)	종로구 (지국장-김숙명)		

경기북부 (지부장-이월례)	의정부 (지국장-한경희)	양주 (지국장-유은서)	동두천/포천 (지국장-김상기)	구리 (지국장-김용희)	남양주시 (지국장-정덕모)	고양시 (지국장-백종우)

경기동부 (지부장-이종구)	성남시 (지국장-노지영)	경기서부 (지부장-이종구)	안양/과천 (지국장-곽문희)	시흥시 (지국장-윤정인)	부천시 (지국장-김남심)

경기남부 (지부장-이중현)	수원 (지국장-권미용)	이천/여주 (지국장-김찬곤)	평택시 (지국장-현영훈)	안성시 (지국장-허진건)	화성시 (지국장-한금화)

인천광역시 (지부장-김미경)	서구 (지국장-어현경)	남동구 (지국장-장선경)	강원도 (지부장-장해영)	강릉시 (지국장-박주철)	평창 (지국장-김신혜)	정선 (지국장-전미경)

충청남도 (지부장-김미선)	청양/아산 (지국장-김경태)	금산/논산 (지국장-부성아)	전라남도 (지부장-강영옥)		대전광역시 (지부장-유정화)	중구/유성구 (지국장-조대연)

부산광역시 (지부장-손미연)	사상구 (지국장-박소순)	해운대구 (지국장-배재기)	기장군 (지국장-배재기)	연제구 (지국장-조환철)	대구광역시	수성구 (지국장-김기연)

경상북도 (지부장-남호정)	고령군 (지국장-김세희)	경주 (지국장-박은숙)	경산 (지국장-정다건)	경상남도	양산시 (지국장-한수희)

울산광역시 (지부장-김상덕)	동구 (지국장-김상수)	남구 (지국장-박인완)	울주군 (지국장-서선숙)	제주도 (지부장-여원식)	

광주광역시	충청북도	전라북도

목차

목차

목차

스마트폰 및 SNS를 사용해야 하는 이론 배경

① 4차 산업혁명 시대! 팬데믹 시대! 스마트폰 활용을 잘해야 하는 이유?

스마트폰 활용을 제대로 배우고 익혀야 하는 이유에 대해서 간략하게 3가지 관점에서 알아보겠습니다.

첫 번째, 스마트폰은 문화이다.
두 번째, 스마트폰은 소통의 도구이다.
세 번째, 스마트폰은 정보를 얻을 수 있는 창고이다.

첫 번째, 포노사피엔스 시대! 스마트폰은 문화입니다!

전 세계 유명한 경제학자들이 연구한 바에 의하면 인구 5천만 명을 기준으로 볼 때 100만 명 이상이 사용하면 패션(Fashion)이고, 500만 명 이상이 사용하면 트렌드(Trend)고, 1,000만 명 이상이 사용하면 문화(Culture)라고 합니다.

패션이나 트렌드는 바뀔 수 있지만, 문화는 쉽게 바뀌지 않습니다.

2021년 말 기준 대한민국 스마트폰 개통대수 7,160만대!
이제 스마트폰 활용은 선택이 아니라 문화이며 필수로 제대로 배우고 익혀야 할 도구입니다.

대한민국 국민
5,180만명 기준

500만명 이상이 사용하면
Trend (트렌드)

**2022년 2월 현재
이동전화 가입자수 7,160만대!**

100만명 이상이 사용하면
Fashion (패션)

1,000만명 이상이 사용하면
Culture (문화)

스마트폰이 문화인 현재의 세상을 포노사피엔스 시대라고 합니다!

2016년 영국 이코노미스트에서 처음 사용한 단어로 '포노는 라틴어로 폰을 들고 사는 사람', '사피엔스는 라틴어로 슬기로운 인류'를 뜻합니다. 정리하면 현재의 인류를 포노사피엔스라고 합니다.

스마트폰을 스마트하게 사용하면 포노사피엔스라고 하고 핸드폰으로만 사용하면 호모사피엔스(생각하는 인류)인 것입니다.

스마트한 할부모님이 스마트한 대한민국을 만들어 갑니다

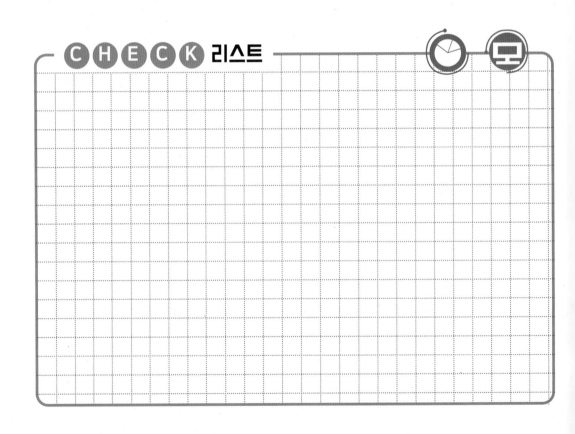

CHECK 리스트

PHONO   SAPIENS

포노 사피엔스

- 스마트폰이 낳은 신인류
- 스마트폰이 신체의 일부인 사람들

대한민국 4인 가족 기준으로 한 달 통신비 지출이 얼마나 될까요?

25만 원입니다.
1년에 300만 원입니다. 적은 돈이 아닙니다.
하지만, 대한민국 스마트폰 사용자 그 누구도 스마트폰 통신사나 제조사한테 스마트폰 활용 교육을 해달라고 요구하는 사람은 아무도 없습니다.

왜 그럴까요?
대부분의 사람들은 그냥 스마트폰을 핸드폰으로만 사용하는 경우가 많기 때문일 것입니다.

지역 주민 센터에서도 스마트폰 활용 교육을 하는 곳은 거의 없는 게 현실입니다.

기존의 구청 단위 공공기관 평생학습센터에서는 분기별로 스마트폰 활용 교육을 하고 있지만, 지역의 주민센터 학습센터에서는 일반 교육(외국어 교육 등)은 하고 있지만, 스마트폰 활용 교육은 하고 있지 않습니다.

만약에 수요조사를 해본다면 지역주민들 중에서 시니어 실버들의 경우 스마트폰 활용 교육이 최우선일 것입니다.

코로나 시대! 팬데믹시대에는 더욱더 스마트폰 활용 교육이 절실한 시대입니다.

　대부분의 성인들은 학생 및 젊은 분들은 스마트폰 활용은 다들 잘하고 있다고 생각하지만 실제는 그렇지 않습니다.
　젊은 분들의 경우 자신이 필요한 건 네이버나 유튜브에서 검색해서 활용하고 있지만, 실제 스마트폰이나 SNS도구들을 활용하면 어떤 장점이 있고 어떻게 일의 효율성과 효과성을 극대화할 수 있다는 것은 잘 모르고 있습니다.

　가장 큰 이유는 학교에서나 사회 교육기관에서 제대로 스마트폰이나 SNS도구에 대해서 제대로 가르쳐주는 곳이 없기 때문입니다.

　스마트폰 및 SNS도구 활용에 대해서 가장 먼저 배우고 익혀야 할 곳이 평생 교육을 하는 기관의 교육을 기획하는 담당자들입니다.

　하지만, 실질적으로 교육을 하는 사람이나 기획하는 사람이 활용에 대해서 제대로 모르니 그냥 과거의 방식대로 기존 교육들을 계속해나가고 있는 것입니다.

　이제는 스마트폰 및 SNS도구 활용을 배울지 말지 고민하는 것이 아니라 개인들은 스마트폰을 제대로 배우고 익혀서 가족 간 세대 간의 원활한 소통으로 인해 즐거운 인생을 살아가고 비즈니스 하시는 분들은 더욱더 하는 일의 생산성을 높이고 풍요로운 비즈니스 결과를 만들어 내야 할 것입니다.

　두 번째, 가족 간 직원 간의 원활한 소통을 위해서라도 스마트폰 활용 제대로 배워야 합니다.

　스마트폰 활용이 문화로 자리 잡은 요즘 시니어 실버들의 경우 용어 자체가 생소하다 보니 접근성이 너무 낮아 소통하는데 어려움을 많이 겪고 있습니다.
　과거에는 운전면허 연습은 가족 간에 하면 싸움만 난다고 했습니다. 요즘은 스마트폰이 그렇습니다.
　스마트폰에 대해서 시니어 실버분들이 물어보고 하면 자식들은 "바빠요!"하고 피하고 손주들은 "일전에 알려드렸잖아요!"하고 피한답니다. 궁금해도 자존심 때문에 어디 물어볼 데도 마땅치 않은 게 현실이기도 합니다.

  스마트폰 제대로 배우고 익히면 세대 간의 소통도 원활해질 것입니다. 소통이 원활하지 않으면 불통이 되고 불통이 반복되면 먹통이 되고 맙니다. 진정 스마트폰 활용 교육은 가족 간의 소통을 위해서라도 꼭 필요한 교육입니다.

  손주들과 자녀들과 소통을 위해서라도 스마트폰 활용은 꼭 배우고 익히셔서 활용하시면 좋을 거 같습니다.

  직장 내에서도 마찬가지입니다.

  퇴직예정자뿐만 아니라 현업에서 일을 하고 있는 팀장 및 관리자급 정도 되면 40대, 50대 라고 봐야 하는데 실질적으로 기능적인 부분은 잘 모르는 경우가 많습니다. 하지만, 기능을 잘하는 것이 중요한 게 아니라 어떤 도구나 프로그램을 사용하면 일의 효율성과 효과성을 극대화할 수 있는지 이해만 하고 있어도 팀원들에게 일을 시키거나 외주업체와 협력을 할 때도 생산성을 높일 수 있을 것입니다.

  세 번째, 고객들은 자신들이 원하는 콘텐츠나 제품을 구매하고자 할 때 정보를 어디에서 찾나요?

  세상에서 제일 힘든 일 중의 하나가 남의 주머니에서 돈을 꺼내는 일이라고 합니다. 남의 주머니라 함은 고객을 말하는 것인데 그런 고객들이 자신들이 원하는 정보를 찾고자 할 때는 네이버나 유튜브 등 SNS상에서 정보를 찾아서 활용하고 있습니다. 개인들이야 스마트폰이나 SNS 기본만 활용해도 사는 데 크게 불편함이 없지만, 비즈니스를 하는 분들은 분야별로 다르긴 하겠지만 스마트폰이나 SNS도구들을 제대로 배우고 익혀서 고객과의 접근성을 낮추고 업무효율을 높여야 자신들이 원하는 결과치를 기대할 수 있을 것입니다.

19

업무효율 200% 향상을 위한 책!

하지만, 강의를 다녀보고 컨설팅을 하다 보면 많은 소상공인들이나 중소기업의 경우 바쁘다는 이유로 업무효율을 높일 수 있는 새로운 것에 대해서 배울 엄두를 내지 못하는 경우가 많습니다. 실질적으로 짧게는 몇 분에서 몇십 분만 투자해도 업무효율을 높일 수 있는 기능들이 많이 있는데 제대로 배워볼 생각을 하지 못하는 모습들을 보면 안타까울 따름입니다.

4차 산업혁명 시대! 팬데믹 시대! 공공기관이나 기업체에서 스마트폰 및 SNS도구 활용에 대한 교육이 단타성이 아니라 심도있게 제대로 배워서 실전에서 활용할 수 있는 교육 시스템이 만들어지면 하는 바람이 간절합니다.

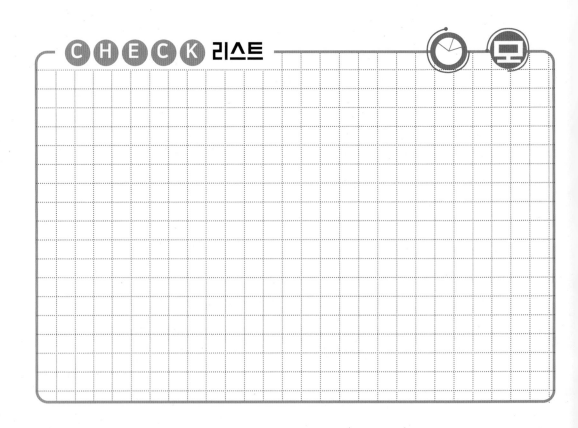

② 스마트폰 활용 교육의 기대효과?

각 지역에서 스마트폰 활용 교육이 활성화되면 6가지의 기대효과를 누릴 수 있습니다.

첫 번째, 지역주민들의 소통이 원활해집니다.

두 번째, 지역 경제발전 도모에 이바지 할 수 있습니다.

세 번째, 지역 홍보하는 데 도움이 됩니다.

네 번째, 청소년 봉사활동을 통해 청소년들과 시니어 실버들의 자존감과 자신감을 높일 수 있습니다.

다섯 번째, 디지털 문맹 퇴치에 앞장설 수 있습니다.

여섯 번째, 스마트폰활용교육전문가 양성으로 인해 디지털 격차를 해소할 수 있습니다.

◆ 첫 번째, 각 지역에서 스마트폰 활용 교육이 활성화되면 지역주민들의 소통이 원활해질 것입니다.

현재 전국 각 지역에 존재하는 주민자치위원회, 도시재생지원센터 등 각 지자체마다 주민들과 소통할 수 있는 많은 단체가 있는데 교육을 나가보면 카카오톡이나 밴드를 효율적으로 관리하는 방법이나 소통에 필요한 스마트폰 기능들에 대해서 제대로 알고 있는 경우가 별로 없습니다.

지역주민들이 스마트폰 활용 교육을 제대로 받는다면 보다 가족 간 지인 간 원활하게 소통하면서 하는 일에 대한 생산성도 높아질 것입니다.

◆ 두 번째, 지역 경제발전 도모에 이바지 할 수 있습니다.

요즘은 직접 제조를 하는 공장이나 농가들뿐만 아니라 시장상인 및 소상공인들도 직접 판매에 나서지 않으면 힘든 세상입니다.

각 지역 내 시장상인들의 경우에도 스마트폰이나 SNS도구를 제대로 배워서 활용한다면 기존 고객관리 유지나 신규고객 발굴에도 많은 도움을 받을 수 있습니다.

또한 과거에는 펜션 등의 서비스업은 광고비를 많이 사용하면 매출도 자연히 올라갔는데 요즘은 그렇지 않습니다.

제품이나 서비스를 판매하는 업체들은 스토리가 있는 콘텐츠를 지속적으로 생산해내지 않으면 경쟁업체에 밀려 도태되는 세상입니다.

스마트폰 및 SNS를 제대로 배우고 활용한다면 자신의 콘텐츠들을 고객의 구미에 맞게 만들어낼 수 있습니다.

일을 시키는 입장에서도 SNS 및 모바일 마케팅의 흐름을 알고 시키는 것과 그렇지 않은 경우에는 비용과 결과물이 나오는 기간에도 차이가 많이 납니다.

공장이나 농가뿐만 아니라 소기업에서도 적은 비용으로 큰 효과를 낼 수 있는 마케팅 도구들이 많이 있습니다.

규모 있는 사업자가 아닌 개인이나 소상공인들도 자기만의 무료 쇼핑몰을 쉽게 만들 수 있고 결제 시스템도 저렴하게 이용할 수 있는 방법들도 많이 있습니다.

스마트폰 및 SNS마케팅을 제대로 배우고 익히면 이 모든 것이 자연스럽게 해결될 것입니다.

재취업이나 창업을 준비하는 분들이라면 필수적으로 스마트폰 활용 및 SNS도구 활용에 대해서 제대로 배우고 익혀서 업무에 활용할 필요가 있습니다.

그 이유 중에 하나는 현재 기업이 과거의 방식대로 일을 해서는 기업의 생존 주기가 3~5년밖에 안된다는 것입니다.

일의 효율성과 효과성을 극대화할 수 있는 시스템을 갖추지 않으면 치열한 비즈니스 세계에서 견디기 힘들다는 것을 보여주는 예입니다.

현재 많은 1인 기업 및 소기업의 경우 모바일과 SNS도구를 활용하는 기업은 만족할 만한 업무성과를 내고 매출이 증대되는 효과를 톡톡히 보고 있습니다.

단순한 예로 직원 10명이 스마트폰 활용과 SNS도구(스마트워크, 크롬 확장프로그램, 블로그, 유튜브, 협업프로그램 등등)를 2~30시간 정도만 제대로 배우고 익힌다면 일을 효율적으로 할 수 있는데 직원 1명당 하루에 최소 30분 정도는 세이브할 수 있을 것입니다.(중소기업 오너들이 가장 도입하고 싶은 게 스마트워크 시스템입니다.)

직원이 10명이라면 하루면 300분, 한 달 20일 근무한다고 가정하면 한 달에 6,000분을 절약할 수 있고 시간으로 따지면 100시간을 다른 일에 사용할 수 있다는 계산이 나옵니다.

경제적으로 힘든 기업 입장에서는 더욱더 절실하게 스마트폰 및 SNS활용에 대해서 보다 체계적으로 배우고 익혀야 할 것입니다.

◆ 세 번째, 지역 홍보하는 데 도움이 됩니다.

지역주민들과 기업체들이 스마트폰 활용 교육을 제대로 받게 되면 그 지역은 자연스럽게 홍보가 될 것입니다.

PC에서 작업을 하지 않고 스마트폰에서도 협업시스템을 구축해서 각자 사업을 홍보할 뿐만 아니라 각 지역에서 하는 활동들도 홍보할 수 있습니다.

각 지역의 주민센터에서 스마트폰이나 블로그, 유튜브 등 SNS교육을 진행하게 되면 자신들이 사는 지역에서 일어나는 행사나 이벤트 등을 자연스럽게 글을 쓰거나 영상을 업로드해서 홍보할 수 있을 것입니다.

지금은 대부분 지역 내에서 기자단을 선발해서 지역 홍보를 하는 경우가 많은데 이에 대해서 지역 주민들 각자가 자연스럽게 자신들이 느끼거나 본 것을 SNS상에 홍보한다면 스토리가 있는 콘텐츠들이 많아지게 될 것입니다.

이런 활동들이 스마트폰 활용 교육을 꾸준히 제대로 배우고 익히면 자연스럽게 가능할 것입니다.

▶ 지역 홍보방안에 대해서 몇 가지 알아보겠습니다.

  1. 지역의 통장이나 아파트 동장들에게 블로그와 카페 활성화하는 방법에 대한 교육을 통해 지역주민들에게도 지자체에서 시행하는 많은 행사에 대해서 홍보할 수 있는 기회를 제공할 수 있습니다.
  2. 요즘 남녀노소 누구나 많이 하고 싶어 하는 유튜브를 통해 자연스러운 지역홍보가 가능합니다.
  3. 인스타그램 및 페이스북 페이지 광고를 저렴하게 운영하여 행사별로 정확한 타겟 마케팅을 할 수 있습니다.
  4. 핀터레스트를 통한 해외홍보도 쉽고 빠르게 할 수 있을 것입니다.
  5. 지역 주민들이 스마트폰 및 SNS도구 활용에 대해서 제대로 배우고 활용한다면 돈 안 들이고 보다 많은 고객들을 확보할 수 있습니다.

◆ 네 번째, 청소년 봉사활동을 통해 청소년들과 시니어 실버들의 자존감과 자신감을 높일 수 있습니다.

  현재 대한민국 각 지자체를 보면 학교 밖 아이들(홈스쿨링, 대안학교 등)이 의외로 많습니다. 2022년 기준 25만 명 이상입니다.
  과거에는 문제아로 불렸었는데 지금은 지자체별로 학교 밖 청소년 지원센터에서 관리를 하고 있지만 많은 학교 밖 아이들이 제대로 관리를 못 받고 있습니다. 이에 지자체에서 학교 밖 아이들에게 스마트폰 및 SNS교육을 제대로 시켜서 시니어 실버들을 대상으로 스마트폰 교육 봉사활동을 하도록 하면 아이들의 자존감도 높아질 것입니다.

  학교 밖 아이들을 교육하다 보면 각 분야별로 재능있는 친구들이 많습니다. 파워포인트를 잘하는 아이, 그림을 잘 그리는 아이, 포토샵을 잘하는 아이 등 다양한 분야에 걸쳐 재능있는 친구들이 많습니다.
  현재 각 지자체별로 경력단절 여성들이나 노인 일자리 창출에 많은 자원을 투여하고 있는데 학교 밖 아이들과 재취업이나 창업을 희망하는 시니어 실버들과 연계한다면 아이들에게도 일자리를 마련해주고 사업을 하는 시니어 실버들에게는 적은 비용으로 자기가 원하는 업무를 쉽고 빠르게 진행할 수 있어 진정 일의 효율성과 효과성을 극대화할 수 있을 것입니다.

스마트폰 활용 교육을 통해 소외되어 있는 아이들과 외로운 실버분들에게 만남과 배움의 좋은 기회를 제공할 수 있을 것입니다.

스마트폰 활용과 SNS 교육을 제대로 가르친다면 자라나는 청소년들에게 꿈과 희망을 줄 수도 있을 것입니다.

◆ **다섯 번째, 디지털 문맹 퇴치에 앞장설 수 있습니다.**

대한민국 국민 5,162만 명!
50세 이상은 2022년 2월 기준으로 2,174만 명이 넘어섰고, 60세 이상은 1,311만 명이 되었습니다.

나이가 많다고 해서 스마트폰 활용을 못 하는 건 아니지만, 현재 50세 이상 기준으로 보면 스마트폰 기계 활용에 대해서 잘 못 하시는 분들이 상당히 많이 있습니다.

이처럼 스마트폰 활용은 처음에 뭐가 뭔지 잘 몰라서 스마트폰 사용을 못 하지만 조금만 배우고 익히시면 혼자서도 충분히 궁금한 점을 찾아서 하실 수 있습니다.

스마트폰 활용 몇 번 반복해서 해보시면 어렵지 않게 하실 수 있습니다.
앞으로 치명적인 병에 걸리지 않는 이상 누구나 100년을 사는 세상이 되었습니다. 그러나 우리는 100세의 삶이 어떤지, 어떤 미래가 도래할지 제대로 알지 못합니다.
과연 100세 시대는 우리에게 어떤 세상을 열어줄 것인가?
지금 나이가 5~60대이어도 앞으로 최소 3~40년 이상을 더 사실 수 있습니다.
시니어 실버들이 스마트폰 제대로 배우고 익혀서 실생활에 활용해본다면 지금보다 더 즐겁고 행복한 인생을 살아가는 데 많은 도움이 될 것입니다.

앞으로의 부국(富國)은 자원이 많은 나라보다도 국민 개개인의 지식수준이 높은 나라가 부국이 된다고 합니다.

대한민국의 발전을 위해서, 가족 간의 소통을 위해서, 조직의 발전을 위해서라도 스마트폰 제대로 배우고 익히셔야 할 것입니다.

◆ 여섯 번째, 스마트폰활용교육전문가 양성으로 인해 디지털 격차를 해소할 수 있습니다.

현재 대한민국은 코로나 팬데믹 시대에 각 지역별로 다양한 교육기관이나 센터가 생겨서 각 지역 주민들 대상으로 스마트폰 활용 및 뉴미디어 관련된 교육이 이루어지고 있습니다. 또한, 2020년 하반기부터 과학기술정보통신부와 한국지능정보사회진흥원(구 정보화진흥원)에서는 디지털 배움터를 통해 대한민국 국민들 대상으로 디지털 역량강화교육도 실시하고 있습니다.

하지만, 아직도 수요보다는 공급이 부족한 상황이고 교육을 진행하는 강사들도 제대로 교육을 받지 않고 하는 경우가 많아 실효성 측면에서는 기대치에 못 미치고 있는 실정입니다.

대한민국이 2009년도부터 스마트폰을 일반적으로 사용을 하기 시작했습니다.

한해 한해가 갈수록 대한민국 국민들의 스마트폰 활용 교육에 대한 욕구는 증가하고 있습니다. 불과 2-3년 전만 해도 시니어 실버분들의 스마트폰 활용도가 많이 떨어져 있었는데 코로나 팬데믹 시대가 시작된 2020년도부터는 스마트폰 활용도가 증가한 것 뿐만 아니라 활용 수준 또한 상당히 높아졌습니다.

과거에는 스마트폰 활용 교육을 하는 강사가 일반적인 수준이면 되었지만, 현재는 서울을 비롯해 각 지역에서 올라오는 정보나 통계를 분석해 보면 배우러 오시는 분들의 궁금증이나 욕구가 상당히 높아졌다는 것입니다.

이에 발맞춰 제대로 된 스마트폰 활용 교육 전문가가 필요한 시점입니다.

이제는 각 지역의 주민센터에서도 스마트폰 및 SNS마케팅 교육 전문가를 양성해서 지역의 주민들 대상으로 교육을 진행하고 소상공인들의 매출증대를 위해 실질적인 뉴미디어 마케팅(SNS포함) 교육도 진행을 해나가야 할 것입니다.

내 손 안의 컴퓨터인 스마트폰 활용이 익숙해지면 스마트워크를 통한 업무효율을 높이고 고객과의 접점을 높이기 위한 SNS마케팅 전략과 전술을 펼치는데도 어렵지 않게 할 수 있을 것입니다.

❸ 자신의 스마트폰 활용 지수 측정해보기

▶ 점수별 활용도 지수 : 1~24점(초급 활용자)/ 25~47점(중급 활용자)/ 48~75(고급 활용자)

　대부분의 사람들은 자신들이 스마트폰을 잘 사용하고 있다고 생각하는데 이 책에서 다루고 있는 내용들에 대해서 얼마나 잘 활용하고 있는지 한번 측정을 해보도록 하겠습니다.

　만약에 초급 활용자로 나온다면 이 책에서 다루고 있는 내용들을 꼭 제대로 배워서 활용해보시면 좋겠습니다.

NO	분야	활용사항	활용도	체크사항
1	스마트폰 기본활용	스마트폰에서 자판치지 않고 말로 타이핑한다.	모르고 있다(1점) 알고는 있다(2점) 활용하고 있다(3점)	
2	PC활용	PC에서도 자판치지 않고 말로 타이핑한다.	모르고 있다(1점) 알고는 있다(2점) 활용하고 있다(3점)	
3	스마트폰 기본활용	네이버 스마트보드 인공지능 자판을 사용한다.	모르고 있다(1점) 알고는 있다(2점) 활용하고 있다(3점)	
4	스마트워크	회의 녹취록을 바로 텍스트로 변환할 수 있다.	모르고 있다(1점) 알고는 있다(2점) 활용하고 있다(3점)	
5	스마트워크	구글 인공지능 음성 서비스를 사용하고 있다.	모르고 있다(1점) 알고는 있다(2점) 활용하고 있다(3점)	
6	스마트워크	인공지능 배경 제거 프로그램을 사용하고 있다.	모르고 있다(1점) 알고는 있다(2점) 활용하고 있다(3점)	
7	스마트폰 기본 활용	무료로 유튜브를 광고 없이 보고 있다.	모르고 있다(1점) 알고는 있다(2점) 활용하고 있다(3점)	
8	PC활용	무료로 PC에서 유튜브를 광고 없이 보고 있다.	모르고 있다(1점) 알고는 있다(2점) 활용하고 있다(3점)	
9	스마트폰 UCC	무료로 스마트폰 유튜브에서 음악이나 동영상을 다운받고 있다.	모르고 있다(1점) 알고는 있다(2점) 활용하고 있다(3점)	
10	PC UCC	무료로 PC 유튜브에서 음악이나 동영상을 다운받고 사용한다.	모르고 있다(1점) 알고는 있다(2점) 활용하고 있다(3점)	
11	스마트폰 UCC	홍보 이미지나 동영상을 쉽고 빠르게 만들 수 있다.	모르고 있다(1점) 알고는 있다(2점) 활용하고 있다(3점)	

12	스마트워크	내가 원하는 정보를 매일 무료로 메일로 받고 있다.	모르고 있다(1점)	
			알고는 있다(2점)	
			활용하고 있다(3점)	
13	스마트워크	구글링을 통해 내가 원하는 자료 무료로 다운받고 있다.	모르고 있다(1점)	
			알고는 있다(2점)	
			활용하고 있다(3점)	
14	스마트워크	PDF자료 무료로 수정 및 파일 변환할 수 있다.	모르고 있다(1점)	
			알고는 있다(2점)	
			활용하고 있다(3점)	
15	스마트워크	스마트폰과 PC에서 사용할 수 있는 구글킵 메모를 사용하고 있다.	모르고 있다(1점)	
			알고는 있다(2점)	
			활용하고 있다(3점)	
16	스마트워크	1시간 만에 타이핑할 자료 5초 만에 추출할 수 있다.	모르고 있다(1점)	
			알고는 있다(2점)	
			활용하고 있다(3점)	
17	스마트워크	스마트폰과 PC에서 용량 제한 없이 자료 전송할 수 있다.	모르고 있다(1점)	
			알고는 있다(2점)	
			활용하고 있다(3점)	
18	스마트워크	PC에서 광고 없이 신문 등을 볼 수 있다 .	모르고 있다(1점)	
			알고는 있다(2점)	
			활용하고 있다(3점)	
19	스마트워크	PC에서 우클릭 막아놓은 콘텐츠 복사할 수 있다.	모르고 있다(1점)	
			알고는 있다(2점)	
			활용하고 있다(3점)	
20	스마트폰 기본활용	스마트폰에서 개인정보 보호를 제대로 하고 있다.	모르고 있다(1점)	
			알고는 있다(2점)	
			활용하고 있다(3점)	
21	스마트폰 기본활용	스마트폰 저장공간 제대로 관리하고 있다.	모르고 있다(1점)	
			알고는 있다(2점)	
			활용하고 있다(3점)	
22	스마트폰 기본활용	카카오톡에서도 저장공간을 확보할 수 있다.	모르고 있다(1점)	
			알고는 있다(2점)	
			활용하고 있다(3점)	
23	스마트폰 기본활용	배터리 절약하는 방법을 잘 알고 있다.	모르고 있다(1점)	
			알고는 있다(2점)	
			활용하고 있다(3점)	
24	스마트폰 UCC	이미지 합성앱을 잘 활용해서 지인들과 재미있게 소통하고 있다.	모르고 있다(1점)	
			알고는 있다(2점)	
			활용하고 있다(3점)	
25	스마트폰 UCC	다이내믹하고 임팩트한 카드뉴스를 만들 수 있다.	모르고 있다(1점)	
			알고는 있다(2점)	
			활용하고 있다(3점)	

❹ 스마트폰 및 SNS도구 활용 제대로 하면 업무효율을 극대화할 수 있다.

앞에 [나의 스마트폰 활용 지수] 측정을 해보시니까 어느 수준으로 나오셨나요?

이 책은 스마트폰 및 SNS도구 기본활용에 대한 것만 설명한 것인데 기본만 알아도 업무효율을 높이는 데 많은 도움이 되실 겁니다.

일반 직장인들이 업무량도 많고 초과 근무시간도 많다 보니 많이들 힘들어하시고 젊은 분들의 경우 퇴직을 신청하시는 분들이 많다고 들었습니다.

앞으로는 직장인분들이 스마트폰 및 SNS도구 활용에 대해서 체계적으로 배워서 활용하신다면 같은 시간을 투여하더라도 업무효율도 높일 수 있고 직원들과의 소통도 원활해지는 데 많은 도움이 되리라 확신합니다.

기본적으로 이 책에서 다루고 있는 내용들을 살펴보도록 하겠습니다.

▶ 직장인들을 대상으로 강의를 하다 보면 2022년 현재 스마트폰에서 말로 문자 보내기 정도는 5% 정도는 활용을 하고 계시는 데 활용하고 계셔도 제대로 알고 활용하시는 분들이 많지 않은 게 현실입니다. PC에서 자판을 손가락으로 치지 않고 음성으로 할 수 있다는 걸 아시는 분들은 거의 없는 게 현실입니다. 스마트폰이나 PC에서 손가락으로 자판을 치지 않고 음성으로 할 수 있다는 것만 제대로 활용하셔도 업무시간을 단축시키는 데 도움이 되실 겁니다.

▶ [네이버 스마트보드 인공지능 자판]을 사용하면 자주 쓰는 상용구가 있다면 터치 2번으로 바로 상대방에게 전송할 수 있습니다. 서류나 책에 있는 내용을 타이핑해야 될 일이 있다면 OCR기능을 활용해 바로 추출해서 정리할 수 있습니다. 번역기능이 바로 있어 외국인과 실시간으로 카카오톡에서 외국어로 채팅을 할 수 있습니다. 자신의 얼굴로 스티커를 만들어서 지인들 간의 소통도 원활해집니다.

▶ 수업을 하다 보면 가장 많이 받는 질문 중의 하나가 음성파일이나 회의 녹취록을 바로 텍스트로 변환할 수 없냐는 질문입니다. 이제는 [네이버 클로바 노트] 프로그램(앱과 PC에서 동시에 사용 가능)을 사용하면 바로 해결할 수 있습니다. 속기사가 필요 없는 세상입니다.

▶ [구글 어시스턴트]나 [구글 렌즈]를 사용하시면 자신이 원하는 정보나 자료 등을 쉽고 빠르게 취득할 수 있습니다. 그야말로 비서가 필요 없는 세상입니다.

▶ 인공지능 배경 제거 및 합성 프로그램인 [리무브(remove.bg)]를 스마트폰과 PC에서 사용하게 되면 업무를 보면서 이미지 배경을 제거하거나 합성하는데 전문가처럼 할 수 있습니다.

▶ [애드블락(AdBlock)] 프로그램을 사용하면 스마트폰이나 PC에서 무료로 유튜브를 시청할 수 있습니다.

▶ [스텔라 브라우저] 앱을 사용하면 스마트폰 유튜브, 네이버TV, 페이스북 등에서 내가 원하는 동영상이나 음악을 무료로 다운받을 수 있습니다.

▶ [멸치] 앱을 사용하면 수백만 원짜리 홍보 동영상을 쉽고 빠르게 만들고 홍보할 수 있습니다.

▶ [구글 알리미] 프로그램을 사용하면 내가 원하는 정보를 매일 등록한 지메일로 받아볼 수 있습니다.

▶ [구글링]을 사용하면 구글 검색에서 내가 원하는 자료를 무료로 다운받아 활용할 수 있습니다.

▶ [Ez PDF Editor 3.0] 프로그램을 사용하면 PDF파일을 무료로 편집하고 원하는 파일 확장자로 변환해서 사용할 수 있습니다.

▶ [구글 킵] 메모 앱은 스마트폰과 PC에서 동시에 사용 가능한데 상대방을 초대해서 실시간으로 협업을 할 수 있는 프로그램입니다.

▶ [Vflat], [OCR(텍스트 스캐너)] OCR(Optical Character Reader-빛을 이용해 문자를 판독하는 기능) 앱을 사용하면 1시간 동안 타이핑할 자료 5초 만에 바로 추출할 수도 있고, 외국어로 된 책자나 문서 안에 있는 텍스트도 바로 추출해서 활용할 수 있습니다.

▶ [마이크로소프트 오피스렌즈(Microsoft Lens – PDF Scanner]
  스마트폰과 PC에서 동시에 사용할 수 있는 Microsoft Lens에서는 화이트보드와 문서의 사진을 잘라서 화질을 개선하고 판독 가능 형식으로 생성할 수 있습니다.
  Microsoft Lens를 사용하면 이미지를 PDF, Word, PowerPoint 및 Excel 파일로 변환하고, 인쇄 또는 필기 텍스트를 디지털 형식으로 생성한 다음 OneNote, OneDrive 또는 로컬 디바이스에 저장할 수 있습니다. 갤러리를 사용하여 디바이스에 이미 있는 이미지를 가져올 수도 있습니다. 업무 생산성을 높이는데 매우 유용한 프로그램입니다.

▶ [샌드애니웨어(Send Anywhere)] 프로그램은 스마트폰과 PC에서 동시에 사용할 수 있는 프로그램으로 회원가입 없이도 10GB까지 무료로 쉽고 빠르게 자료를 전송할 수 있는 프로그램입니다.

▶ [크롬 확장프로그램]을 사용하면 광고 없이 신문기사를 볼 수도 있고 유튜브 영상화면을 띄워놓고 작업을 할 수 있습니다.
또한, 온라인상에서 필요한 자료를 복사하고 싶은데 복사가 되지 않는 경우도 바로 해결할 수 있습니다.

▶ 이 책에서는 스마트폰 기본 활용 중에서 꼭 필요한 기능들을 설명하고 있습니다. 개인정보보호, 저장공간 확보하기, 배터리 절약하기, 카카오톡 필수 기능도 설명하고 있습니다.

▶ 지인들과 소통하는 데 필수 앱인 이미지 합성 앱과 카드뉴스 앱 활용에 대해서 배우시면 초대장, 인사용 카드, SNS에 필요한 섬네일 등을 쉽고 빠르게 만들어서 활용하실 수 있습니다.

  위에 설명해 드린 기능들을 처음부터 차근차근 따라 해보신다면 어렵지 않게 활용하실 수 있습니다. 또한, 각 강마다 지면으로만 설명하는 것이 아니라 QR-CODE를 스캔하시면 해당 영상강좌도 보실 수 있사오니, 어렵지 않게 배우실 수 있습니다.

인공지능 음성 서비스 활용하기

1 이젠 자판치지 말고 말로 문자 보내기

1 삼성

QR코드를 스캔하시면
강의를 볼 수 있습니다.

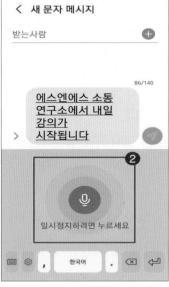

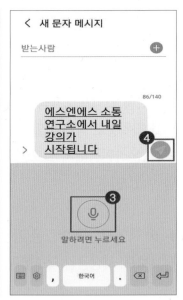

1 메시지창에서 [받는 사람]을 터치하여 전화번호를 입력합니다. ① 마이크를 터치합니다. 2 ② 마이크가 진동할 때 말로 입력합니다.

3 ③ 마이크를 터치한 후 ④ 전송합니다.

② 아이폰

① [아이폰]으로 문자 보내기입니다. ⑤ 받는 사람을 입력한 후 ⑥ 마이크를 터치합니다.

② ⑦ 마이크가 진동할 때 말로 입력합니다.

③ ⑧ 입력 후 자판에서 수정하여 전송합니다.

CHECK 리스트

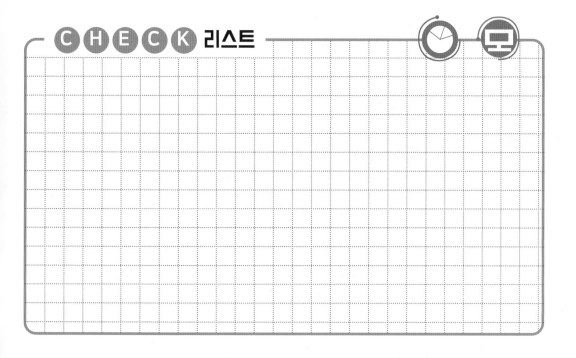

② 네이버 인공지능 자판 활용하기(네이버 스마트보드)

QR코드를 스캔하시면
강의를 볼 수 있습니다.

① 홈 화면에서 [Play스토어앱]을 터치합니다. ② Play스토어 상단 검색창에 [네이버 스마트보드]라고 입력합니다. [네이버 스마트보드] 아이콘을 터치합니다. ③ [네이버 스마트보드] 설치화면이 보이면 [설치] 버튼을 터치합니다.

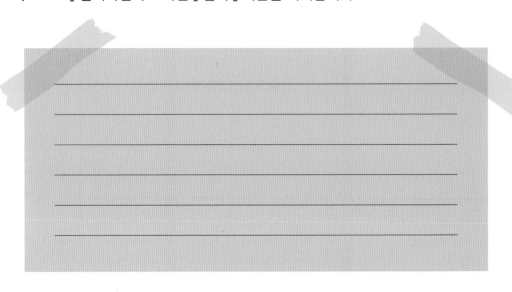

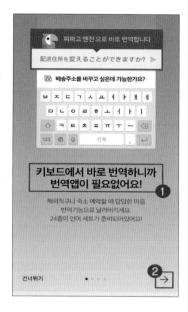

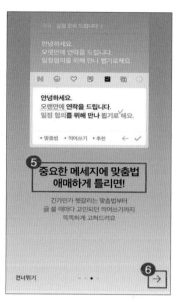

1️⃣ [네이버 스마트보드]를 설치한 후 [열기]를 터치하면 메뉴 화면이 보이며 주요 기능에 대한 설명이 보입니다. ① [키보드에서 바로 하는 번역기능]이 있으며 ②를 터치하거나 건너뛰기를 하면 다음 메뉴가 나옵니다. 2️⃣ ③ [대화 중에 바로 검색]을 할 수 있고 ④를 터치하면 3️⃣ 다음 메뉴 ⑤ [중요한 메시지 맞춤법 검사]를 할 수 있는 기능을 설명합니다. ⑥을 터치하면 다음 메뉴를 소개합니다.

1️⃣ ① [원하는 대로 기능과 키보드 모양도 디자인] 할 수 있습니다. ②를 터치합니다.
[네이버 스마트보드] 스위치를 활성화 할 수 있습니다. 2️⃣ ③ 화살표를 터치합니다.
3️⃣ [네이버 스마트보드]를 활성화합니다.

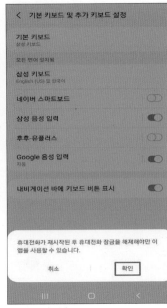

1 [네이버 스마트보드] 주의 화면에서 확인 버튼을 터치합니다. 2 한 번 더 확인을 터치합니다. 3 ① [네이버 스마트보드] 버튼이 활성화되면 내비게이션 바의 ② [<]를 터치합니다.

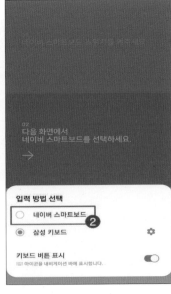

1 ① 화살표를 터치합니다.

2 ② [네이버 스마트보드]를 선택합니다.

3 ③ 화살표를 터치합니다.

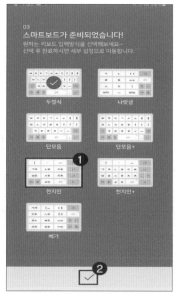

1️⃣ 키보드 선택화면이 나옵니다. ① 현재 사용하는 키보드를 터치합니다. ② 체크를 터치합니다. 2️⃣ 기본설정에서 ③ [언어추가&입력방식]을 터치하면 다른 자판(키보드)으로 바꿀 수 있습니다. 3️⃣ ④ [상세설정] 화면에서 ⑤ [화살표 방향]으로 화면을 위로 드래그합니다. ⑥ [날씨 자동 보기]와 [뉴스 자동 보기]를 활성화하면 키보드에서 자동으로 날씨와 뉴스가 보입니다.

1️⃣ ① [디자인]에서는 자판의 디자인을 바꿀 수 있습니다. ② 하나씩 터치하면 샘플이 보입니다. ③ [사용자 테마]에서는 스마트 갤러리에서 사진을 자판의 배경으로 가져올 수 있습니다. 2️⃣ [네이버 스마트보드]의 ④ [마이크]를 터치합니다. 3️⃣ ⑤ [앱 사용 중에만 허용]을 터치합니다.

  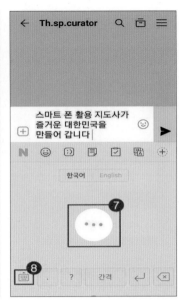

1️⃣ ⑥ [네이버 스마트] 자판이 다시 나오면 [마이크]를 터치한 후 2️⃣ 아이콘이 물결처럼 움직일 때 말을 하면 문자 입력창에 내용이 보입니다. 3️⃣ ⑦ 입력이 끝난 후 내용을 수정 할 때는 ⑧ [자판] 아이콘을 터치하여 수정 후 전송합니다.

1️⃣ [네이버 스마트보드의 툴바]를 내가 원하는 모양으로 편집 할 수 있습니다.
[점선+원형] 아이콘을 터치합니다. 점선 아이콘이 안 보일 때는 화살표 방향으로 드래그해 봅니다. 2️⃣ 툴바 편집 화면이 나옵니다. 편집을 터치하면 3️⃣ ① 부분이 움직입니다.

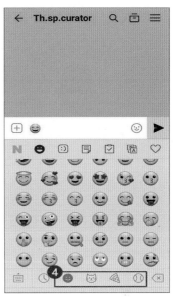

1 ② 원하는 아이콘을 드래그해서 원하는 자리로 옮기면 나만의 툴바를 만들 수 있습니다. 2 ③ [이모지] 아이콘을 터치합니다. 3 ④ 하단의 종류별 아이콘을 확인합니다.

업무효율 200% 향상을 위한 책!

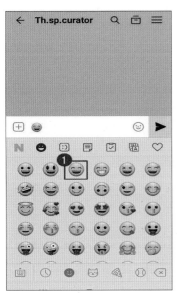

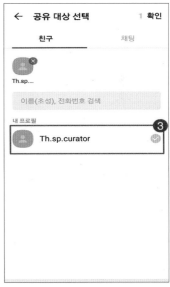

1 ① 보내고 싶은 [이모지]를 터치하면 문자 입력창에 보입니다. [보내기]를 터치하면 전송됩니다. 2 ② [스티커] 아이콘을 터치합니다. 하단의 보내고 싶은 아이콘을 확인한 후 보내고 싶은 스티커를 터치합니다. [설정]에서 나만의 스티커도 만들 수 있습니다. 이모지처럼 바로 전송되지 않고 친구 목록 화면이 나옵니다. 3 ③ 전송할 친구를 선택합니다. 확인을 터치합니다.

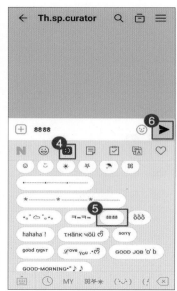

1 공유대상에게 전송됩니다. **2** ④ [이모티콘]아이콘을 터치합니다. [설정]에서 나만의 이모티콘을 만들 수도 있습니다. ⑤ 이모티콘 아이콘을 선택한 후 ⑥ 전송합니다. **3** ⑦ [움짤] 아이콘을 터치합니다. ⑧ 하단의 종류별 아이콘을 터치합니다. ⑨ 움짤도 바로 전송되지 않고 친구 목록 화면이 나오고 전송할 친구를 선택하면 공유대상에게 전송 됩니다.

1 ① 문자 입력창에 전송할 내용을 입력한 후 ② [맞춤법]메뉴를 터치하면 [맞춤법, 띄어쓰기, 추천단어]를 색깔별로 보여줍니다. **2** ③ [체크]를 터치합니다. ④ 추가하고 싶은 내용은 자판을 터치하여 추가 후 전송합니다. **3** ⑤ [번역]메뉴를 터치하면 자판 에서 즉석 번역을 할 수 있습니다.

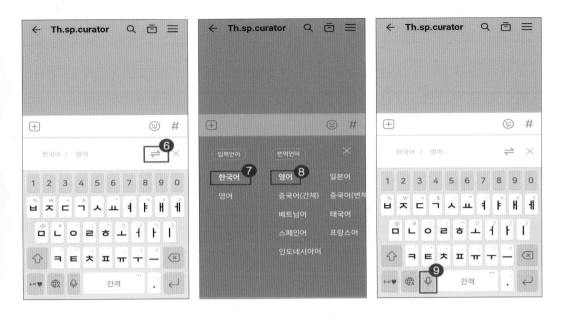

1️⃣ ⑥ [화살표]를 터치하여 언어를 선택합니다. 2️⃣ ⑦ 입력할 언어와 ⑧ 번역할 언어를 선택합니다. 3️⃣ ⑨ 마이크를 터치하여 말을 합니다. (자판에서 입력해도 됩니다.)

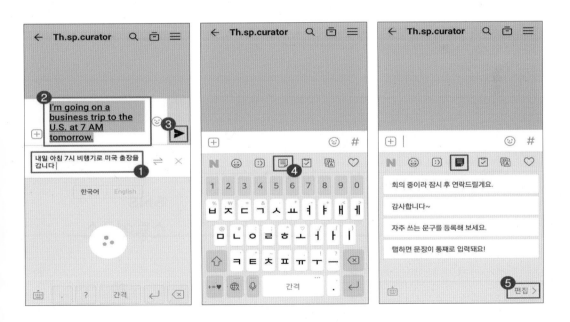

1️⃣ ① 음성이 문자로 입력되면서 ② 자동으로 번역이 됩니다. (번역된 언어는 수정할 수 없고 입력한 언어만 수정이 가능합니다.) ③ 확인 후 전송합니다. 2️⃣ 자주 사용하는 문구를 등록해 두면 입력하지 않아도 터치 한 번으로 전송할 수 있습니다.
④ [자주 쓰는 문구]를 터치하고 3️⃣ ⑤ [편집]을 터치합니다.

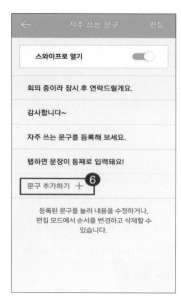

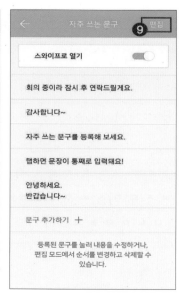

1️⃣ ⑥ [문구추가하기+]를 터치합니다. 2️⃣ ⑦ 문구를 입력한 후 ⑧ [완료]를 터치합니다. 새로운 문구가 추가되었습니다. 3️⃣ ⑨ [편집]을 터치합니다.

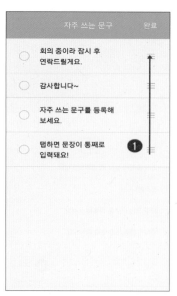

1️⃣ ① 화살표 방향으로 삼선을 드래그하면 문구의 순서를 바꿀 수 있습니다.

2️⃣ ② 네이버 스마트보드 [그림판]을 터치합니다. 3️⃣ ③ 펜을 선택하여 색상을 터치합니다. 손글씨로 원하는 글을 쓸 수 있습니다.

① 공유하고 싶은 친구를 선택한 후 확인을 터치합니다. ② 전송된 것을 볼 수 있습니다.
③ ④ [문자인식]을 터치합니다.

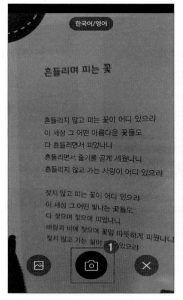  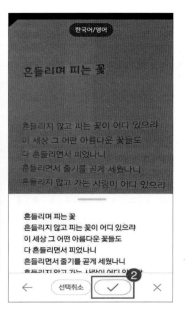

① ① [카메라]를 터치하면 텍스트를 스캔할 수 있습니다. ② 한국어와 영어를 인식 중
이라는 화면이 보입니다. ③ ② 화면을 위로 올려 인식되는 글자를 확인한 후 [체크]
표시를 터치합니다.

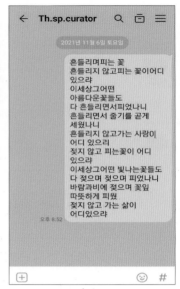

1️⃣ ③ [문자 붙여넣기 완료] 창이 보이거나 안 보이는 경우도 있습니다.

2️⃣ ④ 문자 입력창의 빈 곳을 터치하면 인식된 글이 보이며 [보내기] 버튼을 터치합니다. 3️⃣ 인식된 글이 전송되었습니다.

1️⃣ ① [한자]로 바꿀 글자를 입력합니다. ② [마이크]에서 손을 떼지 말고 누르면서 한자까지 드래그하여 한자로 전환합니다. 2️⃣, 3️⃣ ③ 글자를 입력한 후 [한자]를 터치하여 맞는 글자를 선택합니다.

1️⃣ 선택한 한자를 [보내기]합니다. 2️⃣ ④ [다른 키보드로 전환]하고 싶을 때는
[지구본을 누르면서 손을 떼지 않고 드래그]하여 원하는 키보드로 바꿀 수 있습니다.
3️⃣ 키보드 버튼 표시가 안 보일 때는 일반 설정에서 일반(언어 및 키보드)을 터치합니다.
기본 키보드 및 추가 키보드 설정을 터치하고 내비게이션 바에 [키보드 버튼 표시를
활성화] 시켜줍니다.

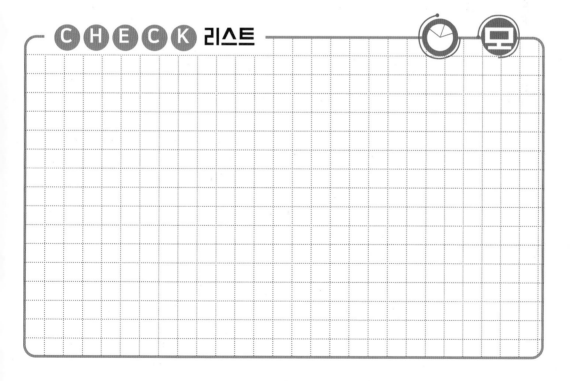

CHECK 리스트

❸ PC에서도 말로 자판치면 업무효율이 극대화된다.

❶ 구글닥스(Google Docs) 서비스 활용하기 (구글문서에서 활용하기)

QR코드를 스캔하시면
강의를 볼 수 있습니다.

스마트한 업무일이 스마트한 대한민국을 만들어 간다!

▶ 크롬 브라우저를 실행하고, 구글 계정으로 접속합니다. ① [구글 앱 모음]을 클릭하고 구글 더보기 메뉴 중 ② [드라이브]를 선택합니다.

▶ [새로 만들기]를 클릭합니다.

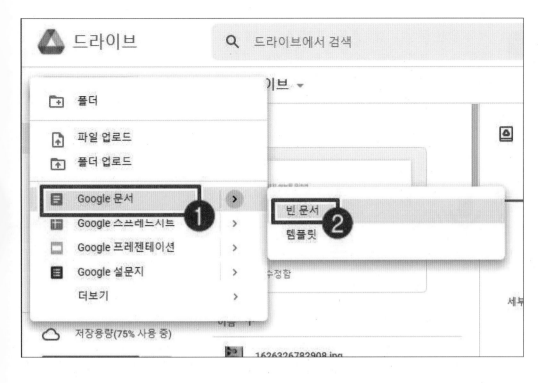

▶ ① [구글 문서]를 클릭 후 ② [빈 문서]를 선택합니다.

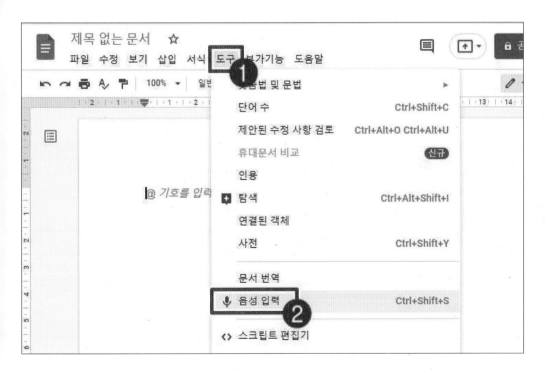

▶ 자판을 치지 않고 말로 입력하기 위해 ① [도구]를 클릭하고 ② [음성입력]을 선택
합니다.

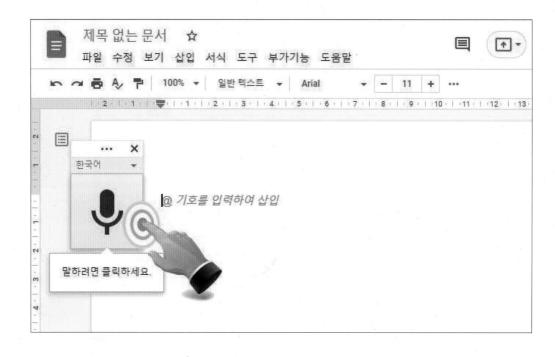

▶ [음성입력]을 선택하면 위와 같이 검은색 마이크가 나옵니다. 마이크를 클릭하여 말을 합니다.

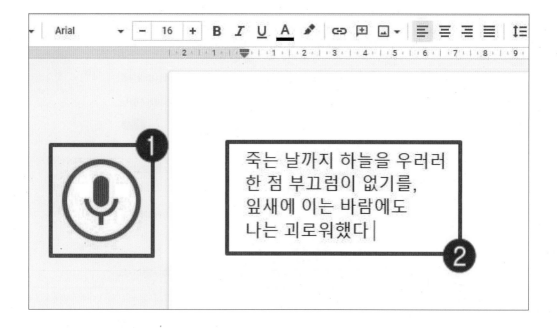

▶ ① 마이크의 색깔이 빨간색으로 바뀌고 말을 하는 대로 마이크가 활성화되면서
   ② 텍스트가 입력됩니다.

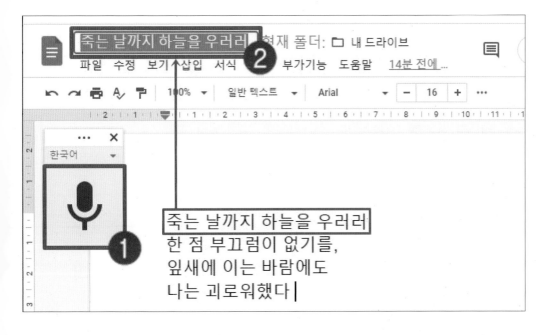

▶ 마이크를 클릭하면 빨간색에서 검은색으로 바뀌고 ① [음성입력] 대기 상태로
돌아갑니다. ② [제목 없는 문서] 칸을 클릭하면 자동으로 첫 번째 문장이 문서의
제목으로 올라갑니다.

▶ 문서의 제목을 바꾸려면 마우스의 커서로 제목을 클릭하여 지우고 다시 제목을 입력
하면 됩니다.

▶ [입력언어]를 변경할 수도 있습니다.

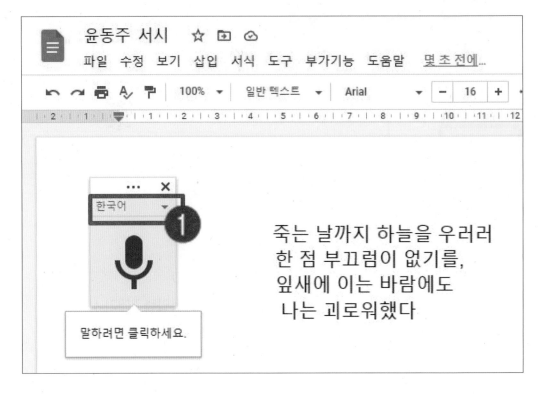

▶ ①을 클릭하여 [입력언어]를 선택합니다.

▶ ② 번역하고 싶은 언어를 선택합니다.

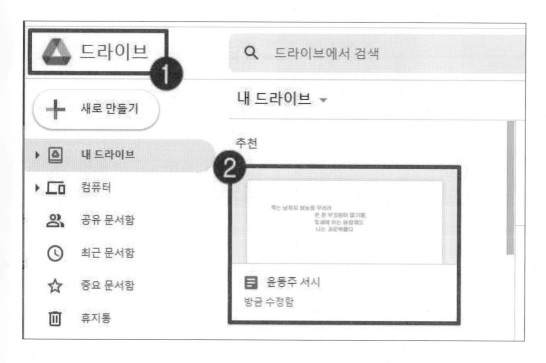

▶ 작성된 문서의 저장 및 확인은 ① [드라이브]를 누르면 ② [내 드라이브]에
저장되어 있고, 클릭하면 언제든지 확인 및 수정이 가능합니다.

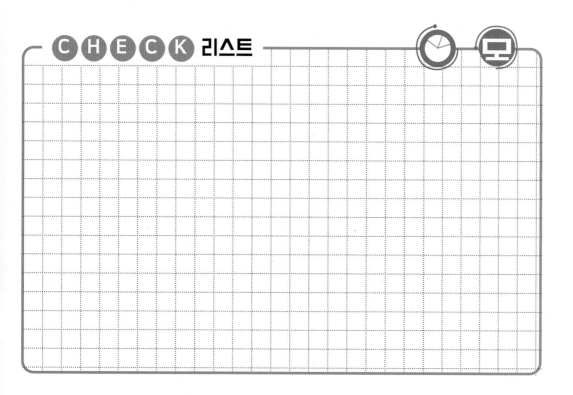

CHECK 리스트

② 크롬 웹스토어 확장프로그램 – Speech Recognition Anywhere

QR코드를 스캔하시면 강의를 볼 수 있습니다.

시니어 실버들이 업무를 하는 데 있어 힘든 것 중에 하나가 컴퓨터나 노트북에서 타이핑하는 일입니다. 크롬 웹스토어 확장 프로그램인 Speech Recognition Anywhere를 사용하시면 [크롬 브라우저] 안에서는 이제 손가락을 사용하지 않고 음성으로 자판으로 해야 할 모든 일을 해결할 수 있습니다.

▶ 크롬 브라우저 검색창에 ① [크롬 웹스토어]라고 입력합니다.

② [Chrome 웹 스토어]를 클릭합니다.

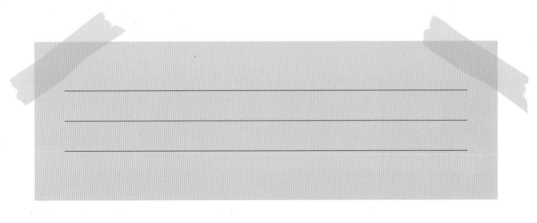

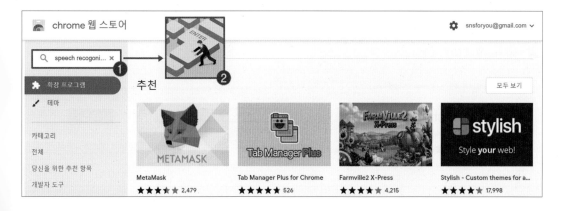

▶ [chrome 웹 스토어] 화면 왼쪽 상단 입력창에 [speech recognition anywhere]
를 입력하고 [ENTER]를 클릭합니다.

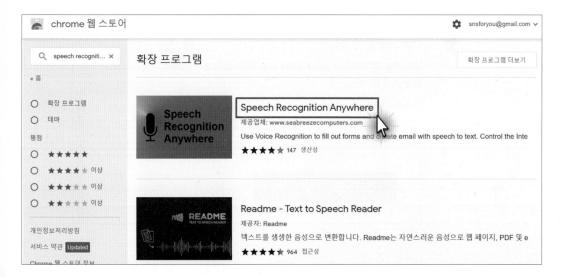

▶ 확장 프로그램 중 상단에 있는 [Speech Recognition Anywhere]를 클릭합니다.

▶ 우측에 [Chrome에 추가]를 클릭합니다.

▶ [확장 프로그램 추가]를 클릭합니다.

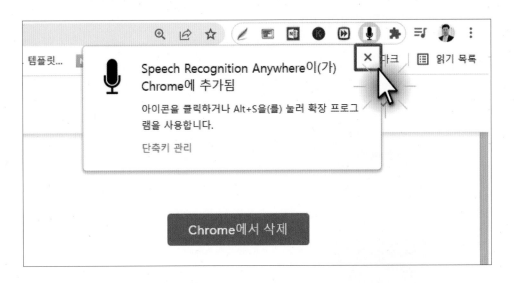

▶ 크롬 브라우저 우측 상단에 [Speech Recognition Anywhere] 마이크 아이콘이
보여지고 [x]를 클릭합니다.

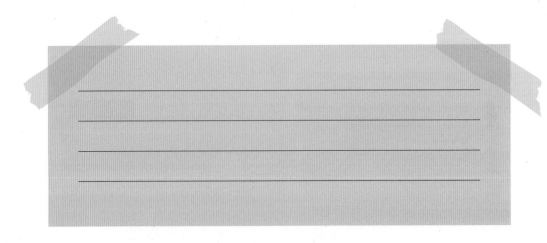

▶ ① 현재 설치되어 있는 [확장 프로그램]을 보고 싶다면 [아이콘]을 클릭합니다. ② [핀 모양 아이콘]을 클릭하면 [Speech Recognition Anywhere]를 바로 실행할 수 있도록 ③ 아이콘이 활성화됩니다.

▶ 크롬 브라우저 안에서 자판을 타이핑하지 않고 음성으로 검색하거나 타이핑을 하기 위해서 ① [Speech Recognition Anywhere] 아이콘을 클릭합니다. ② 처음 사용하시는 분들은 [권한 허용]을 해야 하는 경우도 있습니다. ③ 말로 하면 제대로 타이핑이 되는지 테스트하기 위해서 컴퓨터 마이크나 노트북에서 말을 하면 텍스트가 입력되는 것을 확인할 수 있습니다. ④ [스마트폰 제대로 배우고 익히면 인생이 즐거워지고 비즈니스가 풍요로워집니다.]라고 말을 하면 그대로 인식되는 것을 확인할 수 있습니다. ⑤ [Speech Recognition Anywhere]는 처음 1달은 무료로 사용할 수 있습니다. 그다음부터는 유료 버전이 1년에 2만 원 정도 하는데 굳이 유료 버전은 사용하지 않아도 됩니다. 1달이 지나고 나서 음성으로 타이핑하면 [FREE TRIAL EXPIRED]라고 타이핑되는 텍스트 안에 가끔 나오는데 그냥 지우면 됨으로 유료 버전은 사용하지 않아도 됩니다.

❹ 회의 필기는 AI가 대신한다!

❶ 네이버 녹취록 서비스를 제대로 알고 활용하면 업무효율이 올라간다.

 QR코드를 스캔하시면
강의를 볼 수 있습니다.

▶ 네이버 클로바 노트 스마트폰 버전의 기능입니다. 한 번에 180분까지 녹음 가능합니다.

▶ 월 300분까지 무료입니다. (서비스 품질향상 동의 시)

▶ PC와 모바일 연동이 가능합니다. (탐색, 메모, 공유 등)

▶ 조용한 환경, 3인이하 인터뷰 시 정확도가 증가합니다.

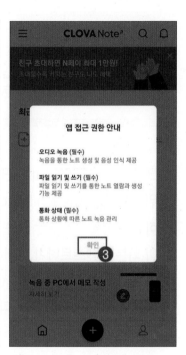

❶ 플레이스토어에서 ① [클로바노트]를 ② [설치] 합니다.

❷ 네이버 아이디로 [로그인] 합니다. ❸ 앱 접근 권한을 ③ [확인] 합니다.

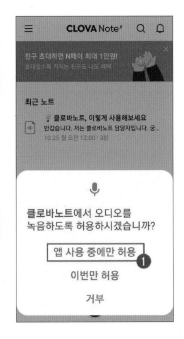
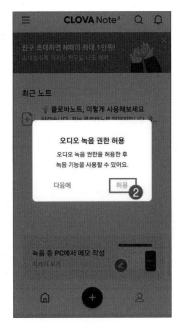
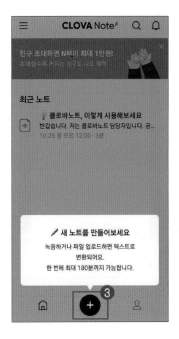

1 ① [각 단계별 허용]을 터치합니다. 2 녹음기능을 위한 ② [오디오 녹음 허용]을 터치합니다. 3 새 노트를 만들기 위해 ③ [+]를 터치합니다.

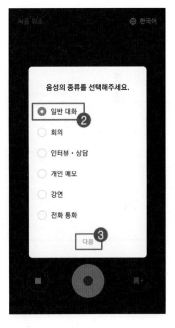

1 [새 노트 만들기]는 새로운 음성녹음과 녹음 파일을 업로드하여 2가지 방법으로 노트를 만들 수 있습니다. 2 새로운 음성녹음을 하여 노트를 만들어 보겠습니다. ① [음성녹음]을 터치한 후 녹음을 합니다. 3 녹음이 완료되면 ② [음성의 종류]를 선택하고 ③ [다음]을 터치합니다.

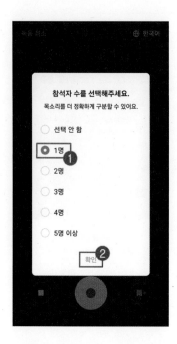 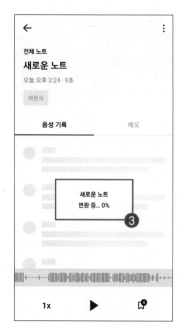 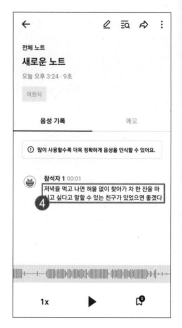

1 ① [참석자 수]를 선택하고 ② [확인]을 터치하면 **2** ③과 같이 변환 과정을 거쳐 **3** ④ [새로운 노트]가 생성이 됩니다.

  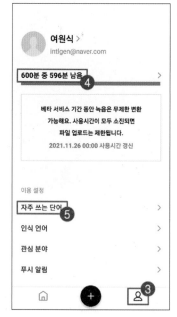

1 음성녹음 중 ① [북마크] 표시를 터치하면 녹색으로 변하고 **2** [북마크]된 음성녹음 의 지점이 ② 녹색으로 표시되며 텍스트에도 북마크가 별도로 구분되어 나타납니다.
3 ③ [사람] 아이콘을 터치하면 ④ [총 가용시간 중 잔여시간]이 표시됩니다.
⑤ [자주 쓰는 단어]를 터치합니다.

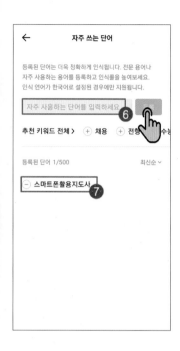 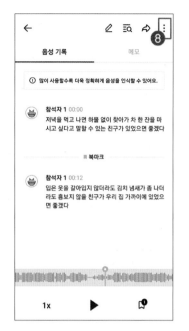 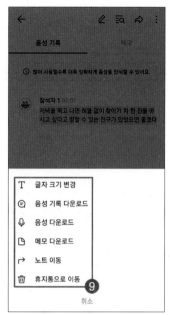

1️⃣ ⑥ [단어]를 입력하고 [등록]을 터치하면 ⑦ [자주 쓰는 단어]가 [등록]이 됩니다.
이것은 정확한 텍스트를 추출하는 데 도움이 됩니다. 2️⃣ ⑧ [더보기]를 터치하면
3️⃣ ⑨ 원하는 [메뉴] 선택이 가능합니다.

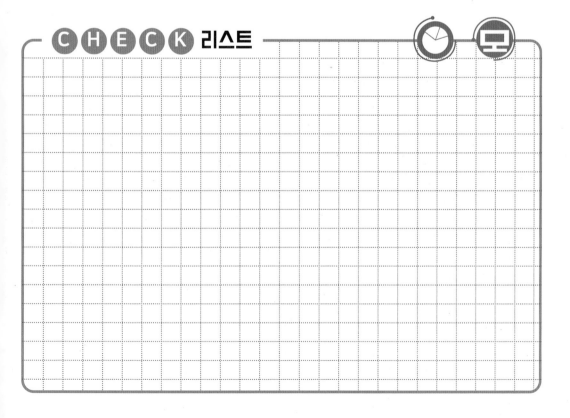

2 네이버 클로바 노트 PC 버전 활용하기

QR코드를 스캔하시면
강의를 볼 수 있습니다.

▶ 동일한 네이버 아이디로 로그인 시 스마트폰과 PC 연동이 됩니다.

▶ 네이버에서 ① [클로바 노트]를 검색합니다.

▶ ②를 클릭하면 네이버 클로바 노트에 대한 특징 및 전반적인 설명이 나옵니다.
③ [클로바 노트]를 실행합니다.

▶ PC에서 [새 노트 만들기]

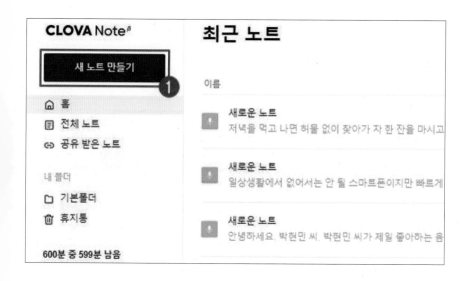

▶ 스마트폰에서 만들어진 노트가 [최근 노트]에 동기화하여 나타납니다.
  새로운 노트를 만들려면 ① [새 노트 만들기]를 클릭합니다.

▶ PC에서 음성파일을 첨부하기 위하여 ② [파일 첨부]를 클릭합니다. 음성파일의
  길이는 한 번에 최대 180분까지 가능합니다.

▶ PC에서 노트 [편집 및 수정하기]

▶ 편집 또는 수정하고자 하는 ① [노트]를 클릭합니다.

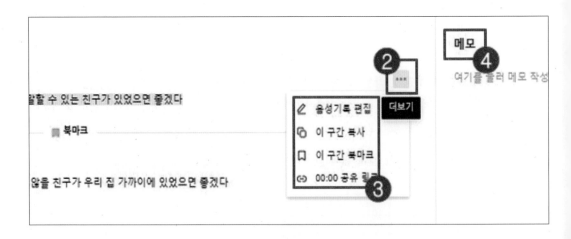

▶ 노트의 우측상단의 ② [더보기]를 클릭합니다. ③ 여러 가지 편집기능을 선택하여
작업을 수행합니다. 해당하는 노트에 ④ [메모]를 하면 노트와 관련한 사항들을
편리하게 식별합니다.

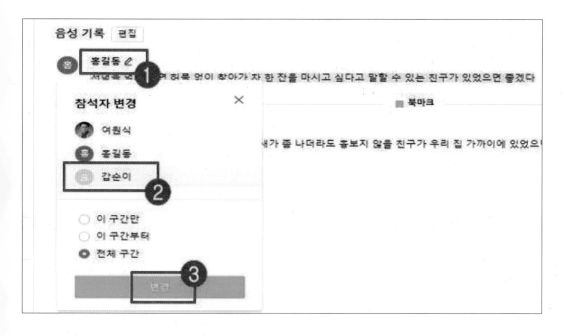

▶ ① 변경하고자 하는 참석자를 클릭하고 ② [직접 입력]란에 변경하고자 하는 이름을 입력합니다. ③ [변경]을 클릭합니다.

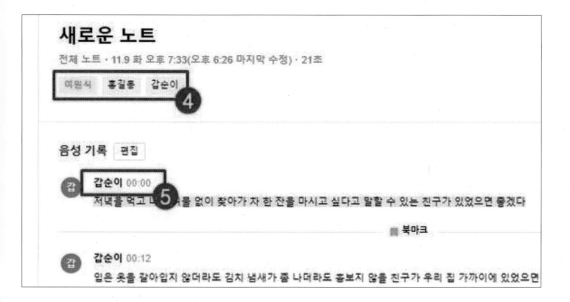

▶ ④ 변경하였던 이름이 표시되고 ⑤ 참석자 이름이 변경되었습니다.

5 인공지능 구글 서비스 제대로 활용하기
1 구글 어시스턴트 (Google Assistant)

QR코드를 스캔하시면
강의를 볼 수 있습니다.

▶ 구글 어시스턴트로 전화를 걸고, 검색하고, 탐색하는 등 다양한 작업을 할 수 있습니다.

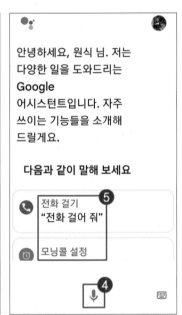

1 구글 [플레이스토어]에서 ① [구글 어시스턴트]를 ② [설치]합니다. 2 ③ [열기] 후 "헤이구글" 음성인식을 합니다. 3 ④ [마이크]를 눌러서 ⑤ 다양한 음성명령을 수행합니다.

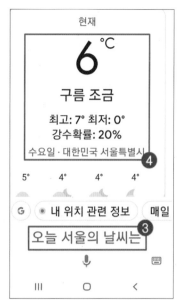

1 구글 어시스턴트는 잠금화면에서도 "헤이구글" 호출로 명령을 수행하지만
① [홈버튼]을 길게 터치한 후 **2** ② [어시스턴트]를 실행하기도 합니다. **3** ③ 명령어
를 입력하면 ④ 결과를 표시해 줍니다.

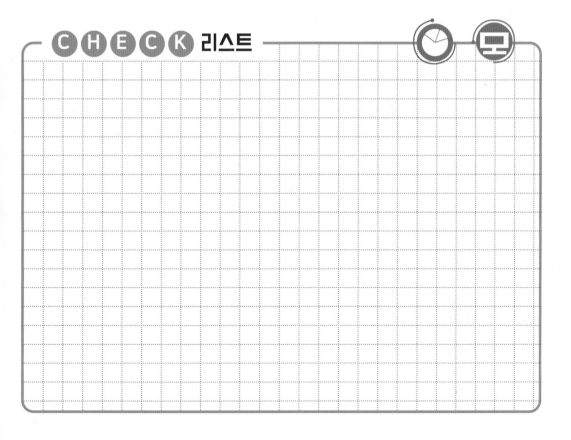

CHECK 리스트

▶ 음성 호출로 [구글 어시스턴트]가 작동하지 않을 때 다음과 같이 설정하시면 됩니다.

1 구글 앱을 실행하고 ① 우측상단의 [개인설정]을 터치합니다. **2** ② [설정]을 터치합니다. **3** ③ [음성]을 선택합니다.

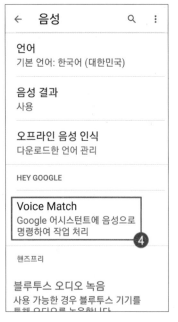  

1 ④ [Voice Match]를 터치하여 **2** ⑤ [액세스 버튼]을 활성화합니다. **3** 아래 파란색 원이 완성될 때까지 ⑥ ["OK Google" , " Hey Goole"]을 4번을 말합니다.

▶ 한국어로 검색어를 말해도 인식이 안 될 때 : [설정->언어] (어시스턴트와 대화할 때
   사용할 언어)

1 ① [설정]을 터치합니다. **2** ② [언어 및 지역]을 선택합니다. **3** ③ [한국어]를
선택합니다.

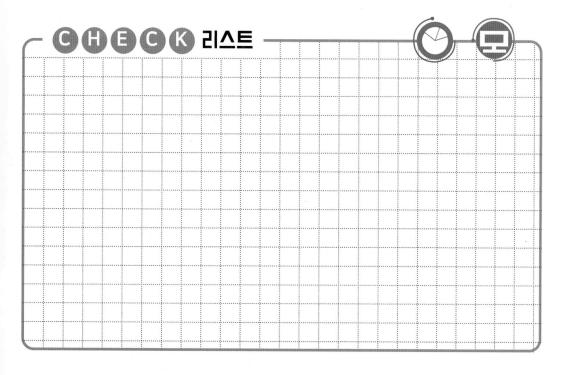

▶ 하나의 명령으로 여러 가지 동시에 작업하기

🔳 ① [설정]을 터치합니다. 🔳 ② [구글 어시스턴트]을 선택합니다. 🔳 ③ [루틴]를 선택합니다.

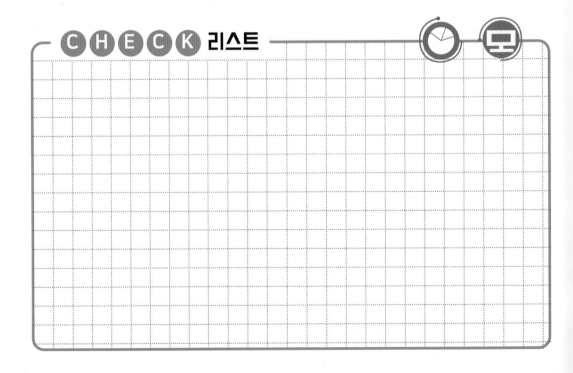

스마트한 아우름이 스마트한 대한민국을 만들어 갑니다

▶ 원하는 음악명을 얘기했을 때 삼성폰의 경우 삼성뮤직에 있는 것을 바로 나오게
   하고자 할 때

1️⃣ 구글 앱을 실행하고 [개인설정]을 터치합니다. 2️⃣ [설정]을 터치합니다.
3️⃣ [구글 어시스턴트]을 선택합니다.

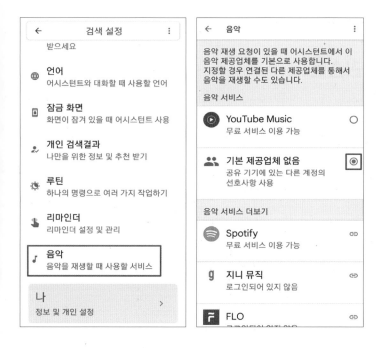

1️⃣ [음악]을 터치합니다. 2️⃣ [기본 제공업체 없음]을 터치하여 활성화합니다.

▶ 뉴스틀어줘 – 각국 나라 뉴스를 듣고자 할 때

1️⃣ 구글 어시스턴트 앱을 실행하거나 홈 버튼을 길게 터치한 후 [뉴스 틀어 줘]라고 말합니다. 뉴스 재생이 되면 [→ 열기]를 터치합니다. 2️⃣ 우측상단의 [점 세 개]를 터치합니다. 3️⃣ [설정]을 터치합니다.

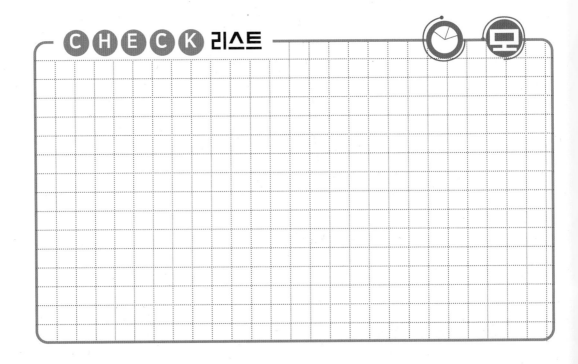

CHECK 리스트

■1 아래로 드래그한 후 [+ 뉴스 매체 추가]를 터치합니다. ■2 ① 원하는 뉴스를 체크하여 추가할 수 있습니다. ② 듣고 싶은 나라의 뉴스를 들을 수 있습니다. ■3 38개국의 뉴스를 들을 수 있습니다.

■1 뉴스의 순서를 변경할 수 있습니다. [순서 변경]을 터치합니다. ■2 [=]를 드래그하여 뉴스의 순서를 변경할 수 있습니다.

② 구글렌즈(Google Lens)

 QR코드를 스캔하시면
강의를 볼 수 있습니다.

▶ 구글렌즈 카메라 촬영으로 번역, 텍스트 추출, 검색, 문제 풀이, 쇼핑, 장소검색, 식당
검색 등 다양한 기능을 제공합니다.

1️⃣ 구글 [플레이스토어]에서 ① [구글 렌즈]를 설치하고 [실행]합니다.
2️⃣ ② [스캔]할 영역을 정하고 촬영합니다. 3️⃣ 텍스트가 스캔이 되면 가운데 적당한 곳
을 ③ [터치]합니다.

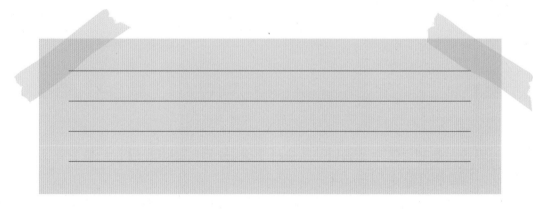

1 화면의 적당한 곳에 ④ [터치]하면 단어가 선택되고 **2** 드래그하여 선택할 ⑤ [구간을 설정]합니다. 하단을 메뉴를 움직이면 ⑥ [복사]하여 원하는 곳에 붙여넣기 가능하고 **3** ⑦ [듣기, 번역, 검색]이 가능합니다.

▶ 구글 렌즈의 번역 기능 알아보기

1 렌즈 메뉴 중 ① [번역] 선택 후 ② [사진]을 찍습니다. **2** ③ [언어]를 원하는 언어로 선택합니다. ④ [구글 번역]에서 열기를 터치합니다. **3** 번역된 화면을 볼 수 있습니다.

스마트한 공무원이 스마트한 대한민국을 만들어 갑니다!

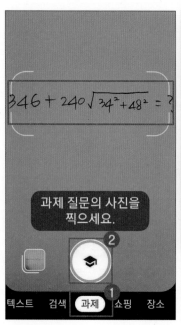

① 렌즈 메뉴 중 ① [과제] 선택 후 ② [사진]을 찍습니다. ② ③ 인식된 과제(문제)가 표시되고 ④ 필기를 인식하여 텍스트로 보여줍니다. ⑤ [복사]후 붙여넣기가 가능합니다. ③ ⑥ 화면을 위로 드래그하면 과제 풀이의 결과가 표시됩니다.

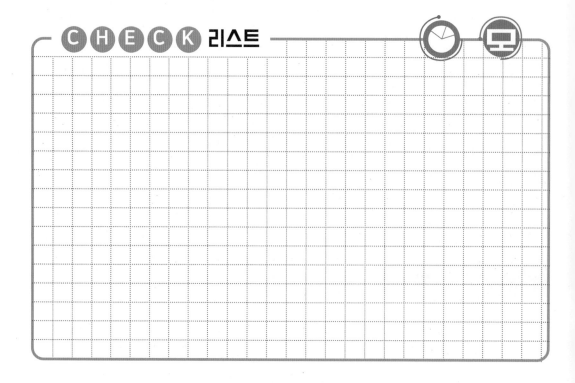

▶ 구글 렌즈의 장소기능 알아보기

1️⃣ 렌즈 메뉴 중 ① [장소] 선택 후 ② [갤러리]에서 사진을 불러오거나 ③ [사진]을 찍습니다. 2️⃣ ④ 인식된 건물을 보여줍니다. 인식된 건물의 ⑤ [이름]을 나타내고 화면을 ⑥ [드래그]하여 위로 올리면 3️⃣ ⑦ 인식된 건물과 일치하는 다른 ⑧ [사진]들을 보여 줍니다.

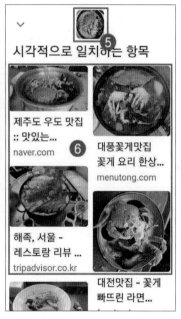

1️⃣ 렌즈 메뉴 중 ① [음식점] 터치 후 ② [갤러리]에서 사진을 불러오거나 [사진]을 찍습니다. 2️⃣ ③ 음식 사진을 인식합니다. 인식된 음식을 ④ [드래그]하여 위로 올리면 3️⃣ ⑤ 인식된 음식과 ⑥ [시각적으로 일치하는] 음식점을 보여줍니다.

업무효율 200% 향상을 위한 책!

⑥ 인공지능 배경 제거 앱 활용하기 - 리무브

① 안드로이드폰은 앱에서 다운받기

QR코드를 스캔하시면
강의를 볼 수 있습니다.

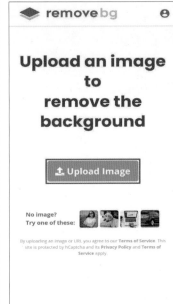

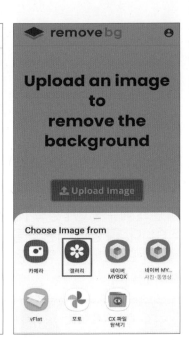

① [Play스토어]에서 리무브 설치 후 [열기]를 터치합니다. ② [Upload Image]를 터치합니다. ③ [갤러리]를 터치하여 배경 제거할 이미지를 불러옵니다.

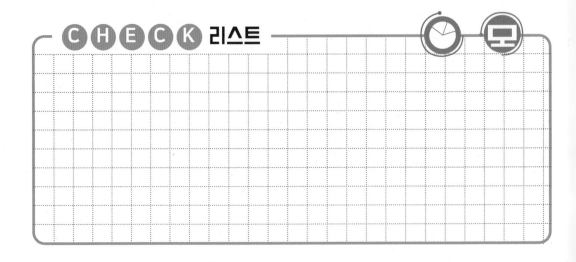

1️⃣ 갤러리에서 배경 제거할 [사진]을 선택합니다. 2️⃣ 제거된 사진을 저장하기 위해
[Download]를 터치합니다. 3️⃣ [연결프로그램]에서 [갤러리]를 선택 후 [한 번만]
을 터치합니다.

1️⃣ 깔끔하게 배경 제거된 모습을 볼 수 있습니다. 2️⃣ 원하는 배경에 합성하기 위해 하나의
이미지를 불러온 후 [연필 아이콘]을 터치합니다. 3️⃣ 화면 아래에 있는 [스티커 아이콘]
을 터치합니다.

1️⃣ 화면 아래에 있는 [갤러리 아이콘]을 터치합니다. 2️⃣ 배경 제거된 사진을 [갤러리]에서 선택합니다. 3️⃣ 화면 아래에 있는 [√] 를 터치합니다.

1️⃣ 배경 제거된 사진을 [조절점]을 이용하여 원하는 크기로 만들고, [-] 아이콘은 삭제가 됩니다. 2️⃣ [저장]을 터치하면 [갤러리]에 저장됩니다. 3️⃣ 화면 아래에 있는 [공유]를 터치하여 합성된 사진을 공유할 수 있습니다.

② PC버전에서 제대로 활용하기

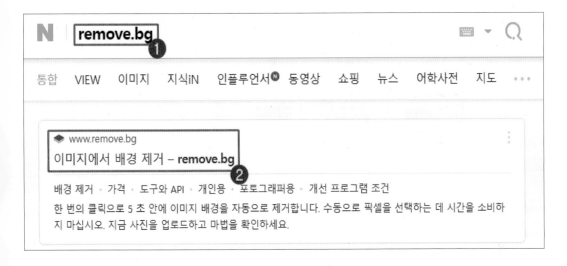

▶ ① 네이버 검색창에 [remove.bg]을 입력하여 검색합니다.

  ② [이미지에서 배경 제거]를 클릭합니다.

▶ [이미지 배경 제거] 창이 뜨면, 사용자가 제거하고 싶은 사진을 가져오기 위해

  [이미지 업로드]를 클릭합니다.

▶ ① 제거하고 싶은 사진을 찾아 클릭합니다. ② [열기]를 클릭합니다.

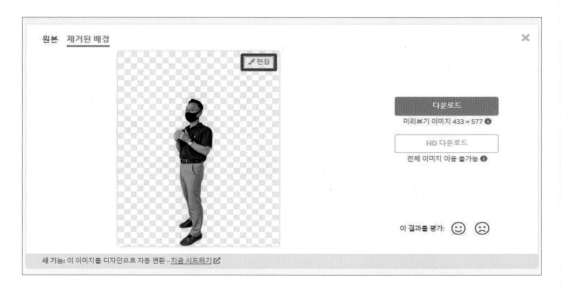

▶ 제거된 배경을 확인한 후 [편집]를 클릭합니다.

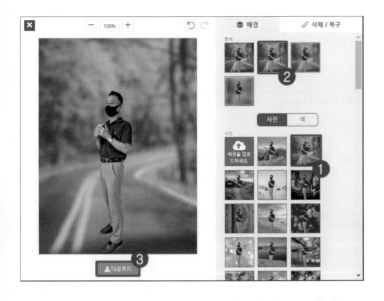

▶ ① 원하는 형태의 배경 이미지를 선택합니다. ② [블러]를 통해 원하는 효과를 선택
　합니다. ③ [다운로드]를 클릭합니다.

▶ ① [이미지 공유]를 통해 메일로 보낼 수 있습니다. ② [이미지 다운로드]를 통해
　컴퓨터에 저장할 수 있습니다.

❸ 아이폰은 네이버에서 remove.bg 입력하고 활용하기

1️⃣ 네이버 앱을 실행하여 검색창에 [remove.bg]를 검색합니다.

2️⃣ 바로 리무브 사이트로 이동이 됩니다. [이미지 업로드]를 터치합니다. 이후 과정은 PC 버전과 동일합니다.

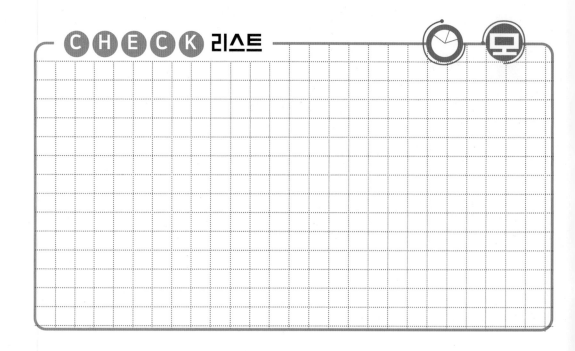

3강 UCC 서비스 제대로 활용하면 인생이 즐겁다!

❶ 광고 없이 유튜브 보기(안드로이드폰과 아이폰)

❶ 안드로이드폰 : 애드블록

QR코드를 스캔하시면
강의를 볼 수 있습니다.

[애드블록] 앱(App)의 특징 및 활용

▶ 유튜브에서 광고 차단, 팝업차단, 광고 없는 비디오를 즐길 수 있습니다.

❶ [구글 Play 스토어]를 찾아서 실행합니다. ❷ ① 검색창에 [애드블록]을 입력하고 검색을 하고 ② [설치]를 터치합니다. ❸ [열기]를 터치합니다.

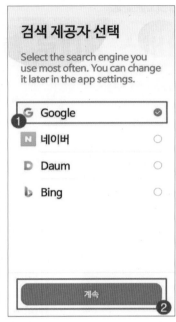

1️⃣ 서비스 약관 및 개인정보 보호 정책에 동의를 하기 위해 [계속]을 터치합니다.

2️⃣ ① 기본 검색엔진을 [Google]로 터치합니다. ② [계속]을 터치합니다.

3️⃣ [YouTube]를 선택하기 위해 터치합니다.

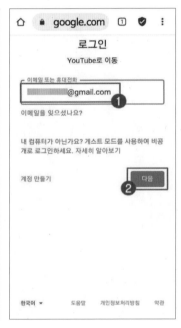

1️⃣ 로그인을 하기 위해 사진 로고를 터치합니다. 2️⃣ [로그인]을 터치합니다.

3️⃣ ① 유튜브 이메일 주소를 입력합니다. ② [다음]을 터치합니다.

 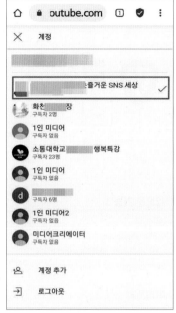 

1 화면을 아래로 드래그하여 알림창에서 본인 확인을 하고 화면의 숫자와 동일한 숫자를 터치합니다. **2** 계정이 여러 개일 경우 사용할 계정을 선택합니다. **3** ① 선택한 계정으로 로그인이 되었습니다. ② [점 3개]를 터치합니다.

1 [광고 차단]을 터치합니다. **2** [광고 차단]과 [팝업 차단 대상]을 활성화합니다. 이제 광고와 팝업이 차단된 비디오를 시청할 수 있습니다. **3** [데스크톱 사이트]를 체크하면 데스크톱 사이트로 시청할 수 있습니다.

② 아이폰 : 브레이브 브라우저

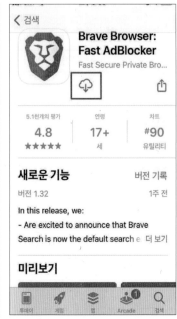
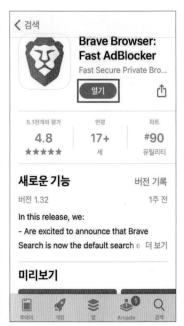

① ① [앱 스토어]에서 검색창에 [브레이브 브라우저]를 입력하고 ② [검색]을 터치합니다. ② [설치] 아이콘을 터치합니다. ③ [열기]를 터치합니다.

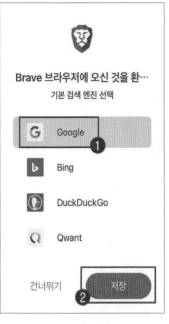

① ① 기본 검색 엔진을 [Google]으로 선택합니다. ② [저장]을 터치합니다.
② [YouTube]를 선택하기 위해 터치합니다. ③ 로그인을 하기 위해 사진 로고를 터치합니다.
▶ 이후 과정은 안드로이드폰과 동일합니다.

❷ PC에서 광고 없이 유튜브 보기
- 확장 프로그램 : 애드블록

QR코드를 스캔하시면
강의를 볼 수 있습니다.

▶ [Chrome] 브라우저로 실행하고 로그인을 합니다.

▶ [Google] 화면에서 상단 좌측의 점 9개 [앱]을 클릭합니다.

▶ 보이는 앱 중에서 [웹 스토어]를 선택해서 클릭합니다.

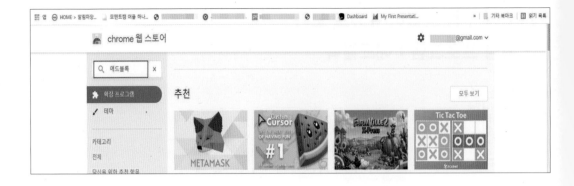

▶ 웹스토어 검색창에 [애드블록]을 입력하고 엔터키를 누릅니다.

스마트한 업무왕이 스마트한 대한민국을 만들어 갑니다!

▶ 검색된 앱 중에서 [Adblock]을 선택하고 클릭합니다.

▶ [Chrome에 추가]를 클릭합니다.

▶ [확장 프로그램 추가]를 클릭합니다.

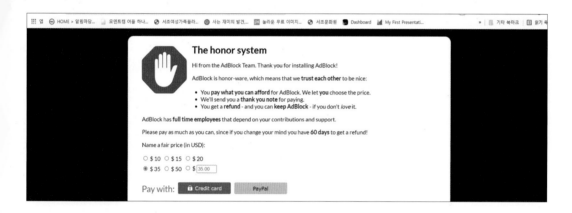

▶ 애드블록에 기부 요청하는 화면으로 창을 닫고 계속 진행합니다.

▶ ① 방망이 모양의 [확장 프로그램 관리] 아이콘을 클릭합니다. ② 핀 아이콘을 클릭해서
   상단에 고정하거나 해제할 수 있습니다. ③ 점 3개 [추가작업]을 클릭합니다.
   ④ [옵션]을 클릭합니다.

업무효율을 200% 향상시킬 위한 책!

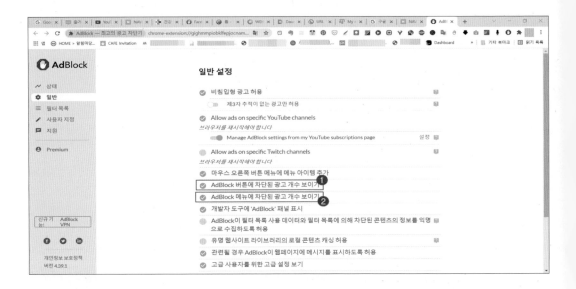

스마트한 공무원이 스마트한 대한민국을 만들어 갑니다!

▶ ① [AdBlock 버튼에 차단된 광고 개수 보이기]를 클릭해서 활성화합니다

▶ ② [AdBlock 메뉴에 차단된 광고 개수 보이기]를 클릭해서 활성화합니다.

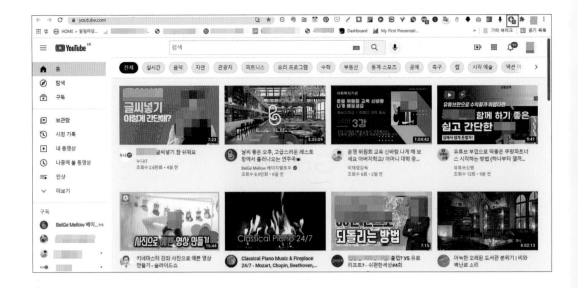

▶ [애드블록] 아이콘에 차단된 광고의 숫자가 보입니다.

▶ 이제부터 광고 없는 유튜브를 시청할 수 있습니다.

☑ 스마트폰과 PC에서 음악 및 동영상 다운받기 - 4 shared
☑ 안드로이드폰에서 다운받기

QR코드를 스캔하시면
강의를 볼 수 있습니다.

[4 shared] 앱(App)의 특징 및 활용

▶ 4shared.com의 계정에서 음악, 비디오, 이미지, 문서 등을 액세스 할 수 있는
　 P to P(Person to Person) 앱입니다.

▶ 모든 파일을 쉽게 다운로드하고 업로드할 수 있고 공유할 수 있습니다.

▶ 아이폰에서도 동일하게 사용할 수 있습니다.

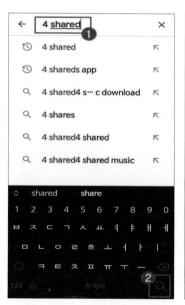

☑ [구글 Play 스토어]를 열어서 검색창에 [4shared] 를 입력하고 검색을 터치합니다. ☑ [설치]를 터치하여 어플을 설치합니다. ☑ [열기]를 터치합니다.

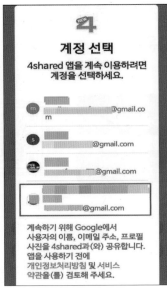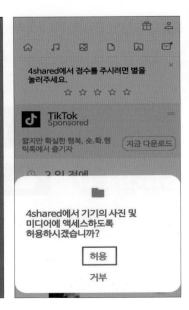

1️⃣ 4shared 계정에 로그인 하기 위해 [구글로 계속하기]를 터치합니다. 2️⃣ 연결할 계정을 터치합니다. 3️⃣ 접근 권한과 액세스를 허용하기 위해 [허용]을 터치합니다.

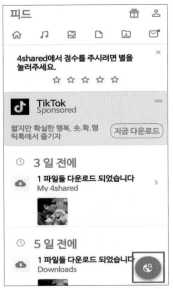

1️⃣ 음악, 영상, 이미지 등을 검색하여 다운받을 수 있습니다. 음악을 다운받기 위해 하단의 [메뉴] 로고를 터치합니다. 2️⃣ [음악]을 터치합니다. 3️⃣ 상단 검색창에 곡명을 입력합니다. ① 예를 들어 [만남]을 입력합니다. ② [검색]을 터치합니다.

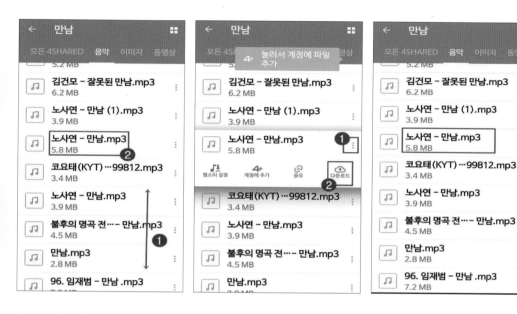

① 화면을 위아래로 스크롤 하여 ② 검색된 곡명 중 원하는 곡을 선택합니다.
② ① 선택한 곡명 우측의 [점 3개]를 터치합니다. ② [다운로드]를 터치하면 바로
다운이 됩니다. ③ 음악을 들어보고 다운받기 위해서는 선택한 곡명을 터치합니다.

① ① [플레이]로고를 터치하여 음악을 들어보고 ② [다운로드]를 터치하면 다운로드
가 됩니다. ② ① 스마트폰의 화면을 아래로 내리면 ② 알림창에서 다운로드된 것을 확인
할 수 있습니다. ③ 저장된 음악을 확인하고 들어보기 위해 음악 앱을 찾아 열기를 합니
다. 주로 [삼성 뮤직]에 저장되어 있으며 [구글 플레이뮤직]같은 음악 앱에 저장되기
도 합니다.

1️⃣ ① [마이 뮤직]을 터치합니다. ② 상단의 폴더 중에 주로 [플레이리스트]에 저장됩니다. [플레이리스트]를 터치합니다. ③ [최근에 추가한 곡]을 터치합니다. 2️⃣ 곡명들 중 바로 전에 다운로드한 곡명을 찾아 선택합니다. 3️⃣ 터치하여 음악을 들어볼 수 있습니다.

 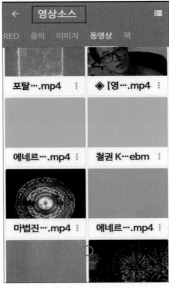 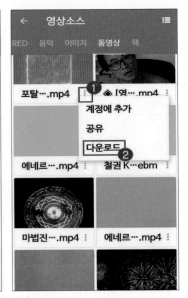

1️⃣ 이번에는 영상을 다운로드하기 위해 [동영상]을 터치합니다. 2️⃣ 상단 검색창에 영상명을 입력합니다. 예를 들어 [영상소스]를 입력합니다. 3️⃣ ① 검색된 영상들 중 선택하여 제목 우측의 [점 3개]를 터치하여 ② [다운로드]를 터치하면 갤러리에 저장이 됩니다.

② 아이폰에서 4shared 사용하기

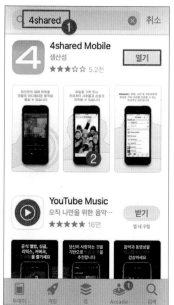  

1 ① [앱스토어]에서 검색창에 [4shared]를 입력합니다. ② [설치]와 [열기]를 합니다. **2** ① 하단의 [검색]을 터치합니다. 상단에 메뉴가 모든, 음악, 비디오 순으로 있습니다. ② [음악]을 터치합니다. **3** ① 검색창에 음악명을 입력합니다. 예를 들어 [만남]을 입력하고 ② [검색]을 터치합니다. ③ 검색된 음악 중에서 원하는 음악을 선택합니다.

▶ 이후 저장하고 사용하는 방법은 안드로이드폰과 동일합니다.

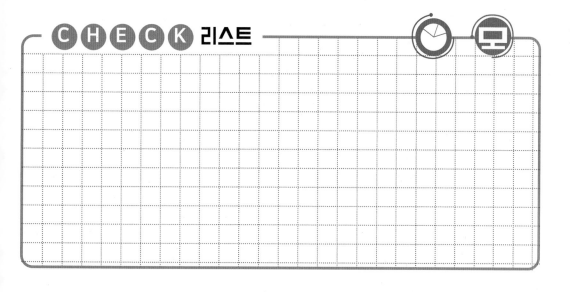

업무활용 200% 향상을 위한 책!

❸ PC에서 쉽고 빠르게 다운받기

QR코드를 스캔하시면
강의를 볼 수 있습니다.

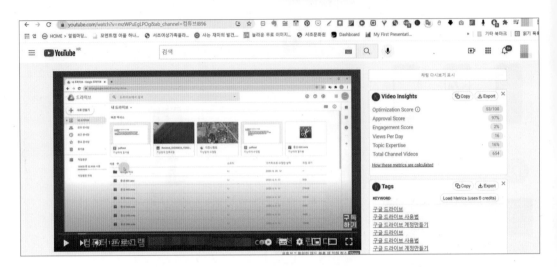

▶ 유튜브에서 검색을 하여 다운로드 받고자 하는 영상을 선택합니다.

▶ 화면 상단의 주소창의 현재 주소 [youtube.com]의 [youtube]단어 다음에 [pp]
를 입력하고 엔터키를 누릅니다.

▶ ① [video]를 선택합니다. ② 영상 해상도를 선택하고 [download]를 클릭합니다.

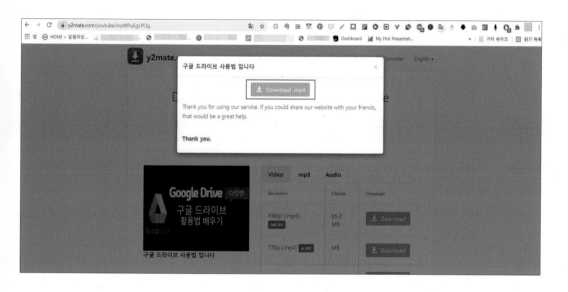

▶ [Download mp4]를 클릭합니다.

▶ ① [동영상]을 선택하고 ② 파일 이름을 입력합니다. ③ [저장]을 클릭하면 저장이
됩니다.

▶ 설정에 따라 바로 [다운로드]에 저장이 될 수도 있습니다.

4 4k video downloader

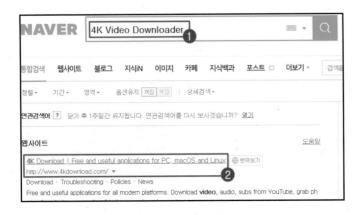

▶ PC에서 음악을 다운받는 방법은 다양하게 많습니다. 하지만,이번에는 동영상 이나 음악을 쉽고 편하게 유튜브 재생목록에 있는 영상들을 한꺼번에 다운도 받을 수 있는 프로그램을 소개하고자 합니다.

① [4K Video Downloader] 라고 입력합니다.

② [www.4kdownload.com]을 클릭합니다.

▶ 처음 화면에는 ② 번 위치에 ① [미국 국기 아이콘]이 보이는데 한국어로 변경하고 싶다면 [한국어 아이콘]을 클릭하면 됩니다.

▶ [4K Video Downloader]를 다운받고 싶다면 ③번 부분을 클릭합니다.

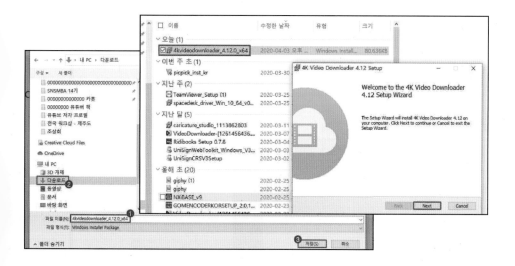

■1 ① [4K Video Downloader] 실행 파일을 ② [다운로드] 폴더안에
③ [저장]을 클릭합니다.

■2 [다운로드] 폴더안에 저장이 되는데 실행파일을 더블클릭하면 설치시작
화면이 나오는데 [Next]를 클릭합니다.

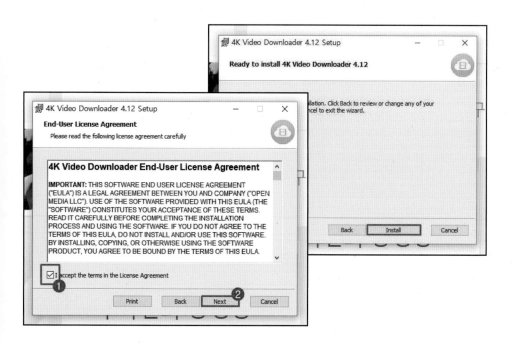

■1 ① 라이선스 계약에 동의한다는 체크박스에 클릭합니다. ②[Next]를 클릭
합니다. ■2 [Install]를 클릭합니다.

1 ① 체크박스를 마우스로 클릭해서 체크하면 설치 완료 후 바탕화면에
프로그램이 바로 실행됩니다. ② [Finish]버튼을 클릭합니다.

2 ① 바탕화면에 [4K Video Downloader] 아이콘이 생성되어 나타나고
실행창이 보여집니다. ② [링크복사]는 유튜브 주소를 복사한 후 클릭하면
해당 영상을 다운로드 받을 수 있습니다. ③ 원형아이콘을 클릭하면 다양한

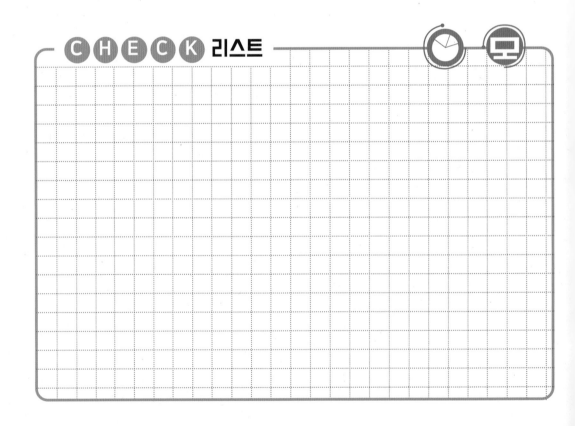

▶ 유튜브에서 다운로드 받고자 하는 영상을 찾습니다.

여기서는 ①[스마트폰 활용지도사 2급] 이라고 검색한 후 재생목록을 선택해봅니다.다운로드 받기 위해서는 주소를 복사해야 하는데

② 인터넷 주소를 복사해도 되고 ③[공유]를 클릭해서 [주소 복사]

를 해도 됩니다.④[스마트폰 활용지도사 2급 교육 영상 14회차분]

재생목록안에 있는 15개 영상을 한번에 다운로드 받고자 한다면 오른쪽 마우스를 글자 위에 갖다대고 클릭하면 [링크주소 복사]가 나오는데 클릭한 후 [4K Video Downloader] 실행프로그램에서 [링크복사] 클릭하면 한꺼번에 15개 영상을 다운받을 수 있습니다.

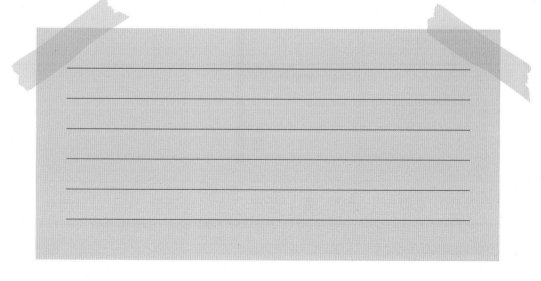

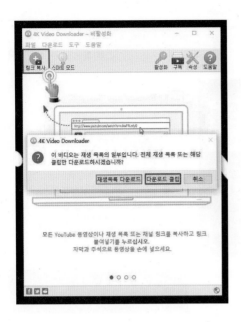
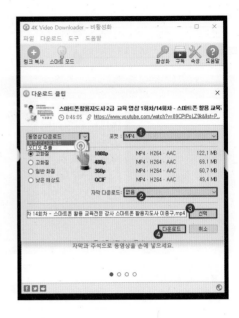

1 앞에서 다운받고자 하는 동영상 주소를 복사했으면 프로그램 실행화면
에서 [링크복사]를 클릭한 후 [다운로드 클립]을 클릭합니다.
[재생목록 다운로드] 클릭하면 재생목록안에 있는 모든 영상이 다운로드
됩니다. 2 기본은 동영상 다운로드로 되어 있는데 소리만 다운로드
받고자 한다면 [동영상 다운로드]부분을 클릭합니다.여기서는 동영상을
다운받을려고 하는 것이니 ① [MP4]를 클릭합니다. ② 동영상 자막을
별도로 추출할 수 있습니다. ③ 다운로드 받을 폴더를 선택할 수 있습니다.
④ [다운로드]를 클릭하면 동영상을 저장할 수 있습니다.

▶ 해당 영상이 포함된 [재생목록] 안에 있는 영상들을 전부 다운로드
받고 싶다면 우측 끝에 마우스를 갖다대면 [점 3개 아이콘]이
보이는데 클릭합니다.

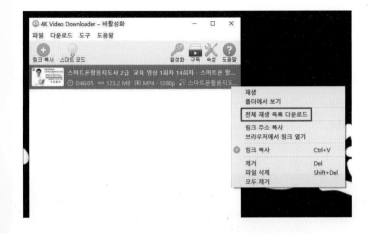

▶ **[전체 재생 목록 다운로드]** 메뉴를 클릭하면 포함된 전체 동영상을
다운로드 할 수 있습니다.

업무효율 200% 향상을 위한 책!

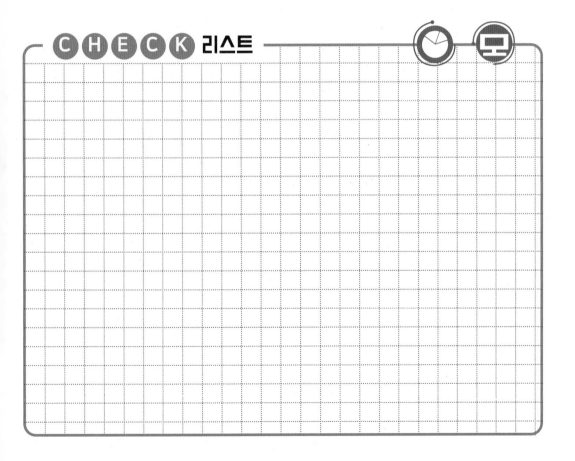

3 수백만 원짜리 홍보 동영상 무료로 만들고 활용하기 - 멸치

1 신버전

QR코드를 스캔하시면
강의를 볼 수 있습니다.

1 ① [PLAY 스토어]에서 [멸치]를 검색하여 설치한 후 ② [열기]를 터치합니다.

2 화면 상단에 ① [♡] 즐겨 찾기 한 템플릿을 찾아볼 수 있습니다. ② 카테고리별 템플릿을 찾아볼 수 있습니다. 3 영상을 만들기 위해 카테고리 ① [틱톡]을 선택하고

② [버스 배너광고 EVENT]를 터치합니다.

1 ① [00:07]은 영상 재생 시간이며 ②「♡」를 터치하면 홈 화면 좌측상단 [♡] 템플릿에 추가됩니다. 영상을 만들기 위해 ③ [사진 2장], [텍스트 2개]가 필요합니다. 영상을 만들기 위해 ④ [이 영상으로 만들어 볼까요?]를 터치합니다. 2 ① 사진을 터치한 후 ② [교체]를 터치하여 변경하고 싶은 사진을 선택하고 ③ [완료]를 터치합니다. 3 각각의 [텍스트]를 수정 후 ① [완료]를 터치합니다.

업무효율 200% 향상을 위한 책!

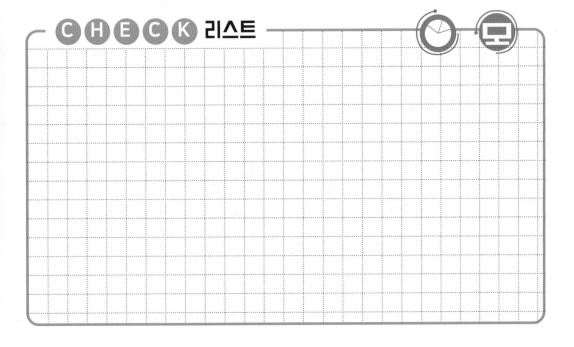

1 [비디오를 제작하는 중입니다.]가 100% 되면 완성됩니다. 완성된 영상은 멸치 [내 보관함]과 스마트폰 갤러리 [MelchiEncoded] 앨범에 저장됩니다. **2** 완성된 영상을 ① [플레이]해서 확인합니다. ② [수정]은 '간단 제작'에서 수정이고, [편집]은 영상 '편집'에서 수정입니다. [공유하기]는 SNS 채널 공유를 할 수 있습니다. ③을 터치하여 다양한 템플릿을 계속해서 만들 수 있습니다. **3** ① [내 보관함]에 저장된 영상을 수정하고자 할 때 ② [더보기]를 터치하여 [제목 수정], [삭제]를 할 수 있습니다.

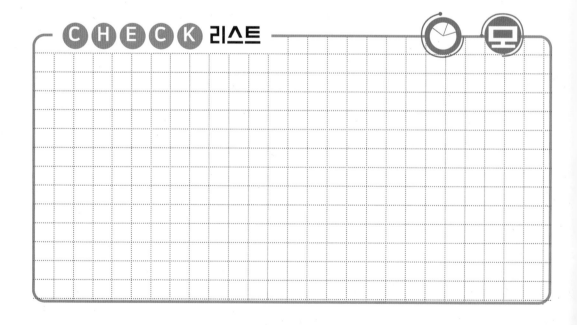

1 영상을 만들기 위해 카테고리 ① [인스타]를 선택하고 ② [오늘 저녁 한잔하러 가자]를 터치합니다. 2 영상을 만들기 위해 [이 영상으로 만들어 볼까요?]를 터치합니다.
3 ① 텍스트 터치한 후 [연필]을 터치하여 수정하고 ② 텍스트 터치한 후 [연필]을 터치하여 수정하고 ③ [완료]를 터치합니다.

1 100%가 되면 비디오가 제작됩니다. 2 [▷]를 터치하면 완성된 영상을 볼 수 있습니다.

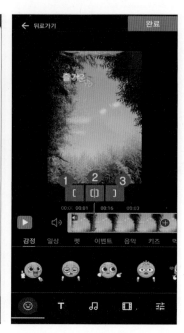

1️⃣ [영상편집]을 위해 [편집]을 선택합니다. 2️⃣ ① [편집할 영상]을 터치합니다.
② [계속]을 터치합니다. 3️⃣ [영상을 터치]한 후 컷 편집에서 ① 터치하면 [왼쪽 영상]
을 제거하고, ② 터치하면 영상이 [분할]되고 ③ 터치하면 [오른쪽 영상]이 제거됩니다.

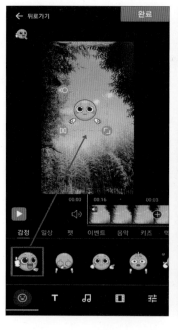

1️⃣ [감정 이모티콘]을 끌어다 편집하는 곳에 드래그 합니다. 2️⃣ [감정 이모티콘]을
끌어다 [여기까지]에 놓으면 그 장면까지 나옵니다. 3️⃣ [감정이모티콘]을 끌어다
[삭제하기]에 놓으면 지워집니다.

1️⃣ [T]를 눌러 글씨를 넣을 수 있습니다. 2️⃣ ① [음악]을 삽입할 수 있으며,
② 내가 원하는 [배경음악], [효과음], [내 음악]을 넣을 수 있습니다.
3️⃣ ① [PIP 기능]을 터치합니다. ② [원하는 사진]을 선택하여 편집 화면에 끌어다
놓습니다. ③ [사진 속에 사진]이 삽입됩니다.

업무효율 200% 향상을 위한 책!

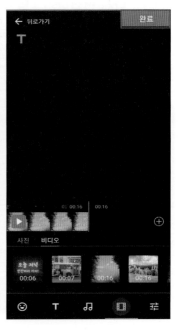

1️⃣ [필터 효과]를 다양하게 적용합니다. 2️⃣ ① [PIP 기능]을 선택합니다.
② [원하는 비디오 파일]을 편집 화면으로 끌어다 놓습니다. ③ 편집 화면 안에 [비디오]
가 삽입됩니다. 3️⃣ [완료]를 터치합니다.

1️⃣ [비디오가 제작되는 중]입니다. 2️⃣ 제작이 완료된 후 [확인]을 터치합니다.

3️⃣ ① [다시 편집하기] 할 수 있으며, ② 영상을 [삭제하기] 할 수 있으며,

③ [공유하기]를 통해 SNS로 보낼 수 있습니다.

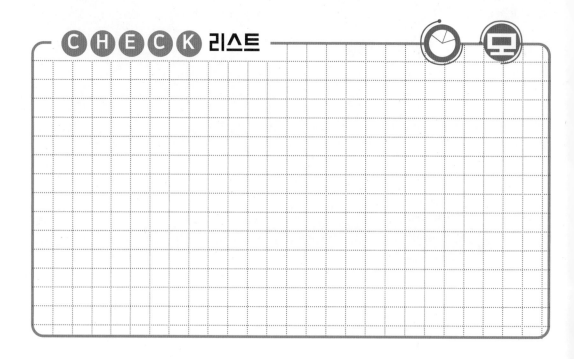

② 구버전

① 4가지의 카테고리 중 [SNS]를 터치합니다. ② [유튜브]를 터치합니다.
③ [썸네일]을 터치합니다.

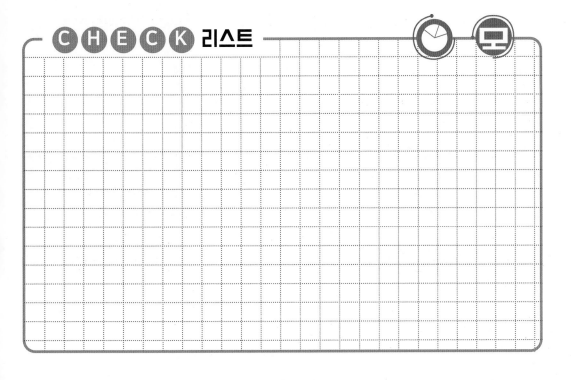

CHECK 리스트

  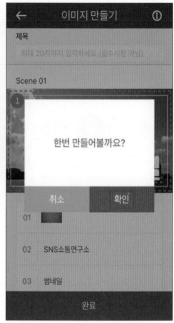

1️⃣ 원하는 템플릿을 고른 후 [만들기]를 터치합니다. 2️⃣ ① 템플릿의 제목을 입력할 수 있습니다. ② 원하는 이미지를 선택합니다. ③ 설명을 입력할 수 있습니다. ④ 타이틀을 입력할 수 있습니다. ⑤ [완료]를 터치합니다. 3️⃣ '한번 만들어볼까요?' 창이 뜨면 [확인]을 터치합니다.

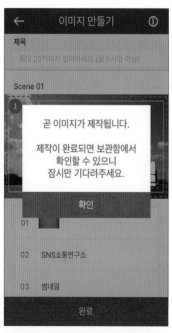  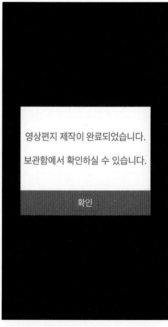

1️⃣ '곧 이미지가 제작됩니다.' 창이 뜨면 [확인]을 터치합니다. 2️⃣ 내 보관함으로 이동이 되면서 템플릿이 '제작 중'이라는 것을 볼 수 있습니다. 3️⃣ 템플릿이 제작이 완료가 되면 [확인]을 터치합니다.

▶ 제작된 템플릿을 터치하면 ① 이미지를 다운받을 수 있습니다. ② 사진을 변경하거나 텍스트를 수정할 수 있습니다. ③ 템플릿을 삭제할 수 있습니다. ④ SNS 채널에 공유를 할 수 있습니다.

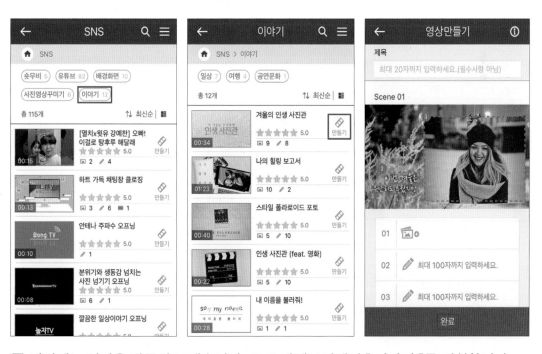

1️⃣ 이번에는 영상을 만들어 보겠습니다. SNS 카테고리에서 [이야기]를 터치합니다.

2️⃣ 원하는 템플릿을 고른 후 [만들기]를 클릭합니다. 3️⃣ 각 장면마다 내용을 입력하고 사진을 첨부한 후 [완료]를 터치합니다.

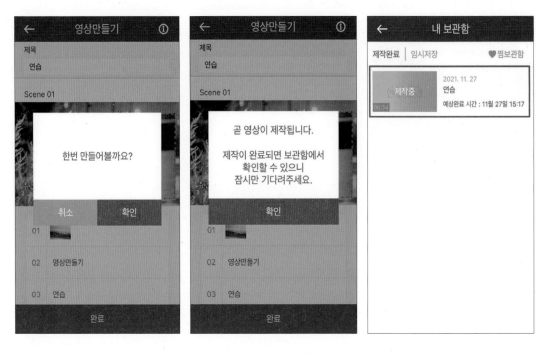

1 '한번 만들어볼까요?' 창이 뜨면 [확인]을 터치합니다. 2 '곧 영상이 제작됩니다.' 창이 뜨면 [확인]을 터치합니다. 3 내 보관함으로 이동이 되면서 템플릿이 '제작 중' 이라는 것을 볼 수 있습니다.

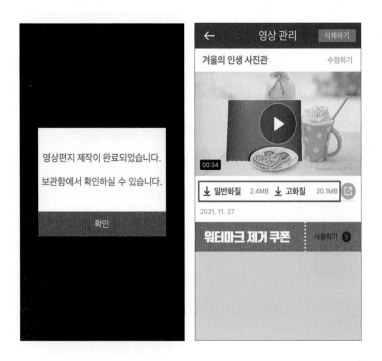

1 템플릿이 제작이 완료가 되면 [확인]을 터치합니다. 2 제작된 영상은 일반화질 또는 고화질로 다운받을 수 있습니다.

업무 효율 200% 향상을 위한 스마트워크

1 내가 원하는 정보 매일 무료로 메일로 받아보기
- 구글 알리미

QR코드를 스캔하시면
구글 알림이, 구글링 강의를
볼 수 있습니다.

[구글 알리미]는 Google이 제공하는 변화 감지 통보 서비스로 사용자가 알림 받기 원하는 키워드에 관한 정보를 설정한 옵션에 따라 이메일로 알려줍니다.

[구글 알리미] 장점 및 활용
▶ 사용자가 설정한 키워드의 정보를 이메일로 정기적으로 알려줍니다.
▶ 키워드 알림 서비스로 변경된 정보를 빠르게 받을 수 있습니다.
▶ 여러 개의 알림 키워드를 설정하고 관련된 정보를 받을 수 있습니다.
▶ 사용자의 키워드와 일치하는 웹, 신문 기사, 블로그, 과학 연구와 같은 최신 정보를 알려줍니다.
▶ 관심 분야의 키워드별로 정보 수집을 할 수 있어 비즈니스 마케팅에 유용합니다.

1 ① [네이버] 검색창에 [구글 알리미]를 입력합니다. ② 검색되는 [alerts.google. com]을 터치합니다. 2 구글 알리미는 구글에서 제공하는 서비스로 G메일 계정으로 로그인해야 합니다. [로그인]을 터치합니다. 3 사용하고 있는 구글 계정으로 로그인해도 되고 새로 계정을 추가할 수도 있습니다.

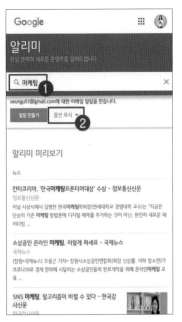

1 비밀번호를 입력하고 [로그인]을 터치합니다. 2 [다음에 대한 알림 만들기]를 터치해서 알림 받을 키워드를 입력해 줍니다. 3 ① [마케팅]을 키워드로 입력합니다. ② 옵션 변경을 위해 [옵션 표시]를 터치합니다.

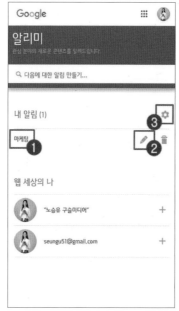
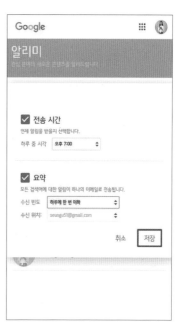

1️⃣ 수신 빈도, 출처, 언어, 수신 위치를 설정한 후 [알림 만들기]를 터치합니다.
2️⃣ ① [마케팅]이라는 키워드 알림이 생성되었습니다. ② 연필 아이콘을 터치해서 옵션
을 수정할 수 있고 휴지통 아이콘으로 키워드를 삭제할 수도 있습니다. ③ [설정]을 터치
합니다. 3️⃣ 알림 키워드 전체 옵션을 설정하고 [저장]을 터치합니다.

1️⃣ [Gmail] 앱을 터치해서 열어줍니다. 2️⃣ [구글 알리미]에서 보낸 이메일이 수신된 것
을 확인할 수 있습니다. 이메일을 터치합니다. 3️⃣ 알림 키워드 [마케팅] 관련 정보를
확인하고 공유할 수 있습니다.

② 내가 원하는 자료 무료로 다운받기
- 구글링

[구글링]은 Google이 제공하는 검색 서비스로 사용자가 검색하길 원하는 정보 키워드를 일정한 조건을 붙여 검색하는 것을 말합니다.

[구글링] 장점 및 활용

▶ 구글링이란 'google'과 'ing'의 합성어로 '구글로 정보를 검색한다'라는 의미를 담고 있습니다.

▶ 구글에서 목적에 맞는 정보를 찾아내는 행위로 구글이 제공하는 검색용 소프트웨어를 이용하여 정보를 찾는다는 의미도 담겨 있습니다.

▶ 넘쳐나는 인터넷 정보의 홍수 속에서 최적의 검색으로 원하는 정보를 신속하고 정확하게 수집할 수 있습니다.

▶ 이번 장에서는 문서 검색 위주의 구글링 방법을 활용해 보도록 하겠습니다.

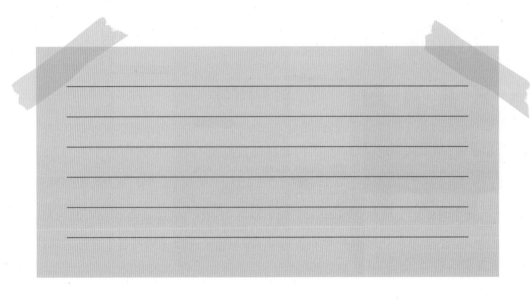

1️⃣ [google] 앱을 터치합니다. 2️⃣ 구글 검색창에 [검색어 filetype:확장자]를 입력해서 확장자에 해당하는 문서를 검색할 수 있습니다. 구글 검색창에 [sns소통 filetype:pdf]를 입력해서 pdf 파일을 검색합니다. 위쪽으로 스크롤 하며 원하는 자료를 찾습니다. 3️⃣ 자료의 주소나 제목을 터치합니다.

 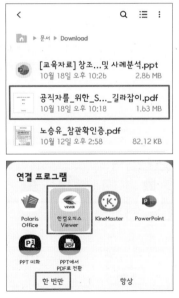 

1️⃣ [다운로드]를 터치합니다. 2️⃣ 내 파일에 다운로드된 파일을 터치합니다. 스마트폰에서 파일을 열어보려면 파일을 열 수 있는 앱이 필요합니다. [한컴오피스 Viewer]를 설치하고 연결 프로그램으로 선택하고 [한 번만]을 터치합니다. 3️⃣ 검색해서 다운받은 문서를 볼 수 있습니다.

1 구글 검색창에 [마케팅 filetype:ppt]를 입력합니다. 원하는 자료가 있는지 위쪽으로 스크롤 하며 자료를 찾습니다. **2** 검색한 자료의 주소나 제목을 터치합니다.

3 [다운로드]를 터치하면 파일이 다운로드되고 [내 파일]에 저장이 됩니다.

1 [디지털교육 filetype:pdf]를 입력해서 검색된 파일의 주소나 제목을 터치합니다.

2 연결 프로그램으로 [드라이브 PDF 뷰어]를 터치하고 [한 번만]을 터치합니다.

3 PDF 문서를 바로 확인할 수 있습니다.

❸ 내가 다운받은 PDF자료 무료로 수정 및 파일 변환하기
- ezpdf Editor 3.0

QR코드를 스캔하시면
강의를 볼 수 있습니다.

[ezpdf Editor 3.0]
PDF 전자 문서의 생성부터 열람, 변환, 편집, 활용, 보관 및 보안 처리에 이르기까지
모든 프로세스를 간편하게 수행할 수 있는 프로그램입니다.

[ezpdf Editor 3.0] 활용
▶ PPT, HWP 등 다양한 문서 포맷을 하나의 PDF 문서로 변환 및 병합하여 활용이
  가능합니다.
▶ 이미지, 메모, 형광펜 등 다양한 기능으로 텍스트 편집 및 수정이 용이합니다.
▶ 외부로 노출하기 민감한 정보 및 개인 정보에 대해 문서 보안 유지에 활용할 수
  있습니다.
▶ 사용자에게 친숙한 인터페이스로 누구나 쉽고 빠르게 문서 편집을 할 수 있습니다.

업무효율 200% 향상을 위한 책!

❶ ezpdf Editor 3.0 설치하기

▶ ① 네이버에서 [ezpdf editor 3.0]을 검색합니다. ② [ezpdf editor 3.0]을
클릭합니다.

▶ ez pdf Editor 3.0 사이트에서 처음 보이는 화면을 위쪽으로 스크롤 해줍니다.

▶ [ez PDF 다운로드 센터 바로가기]를 클릭합니다.

▶ ez PDF 다운로드 센터 화면을 위쪽으로 스크롤 해줍니다.

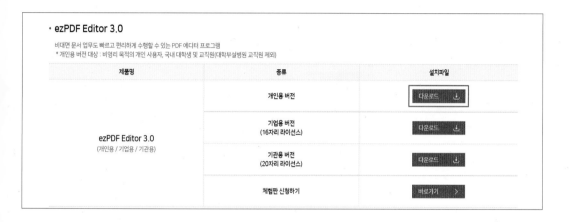

▶ ez PDF Editor 3.0 개인용 버전의 [다운로드]를 클릭합니다.

▶ ① 프로그램을 저장할 장소로 [바탕화면]을 클릭합니다. ② [저장]을 클릭합니다.

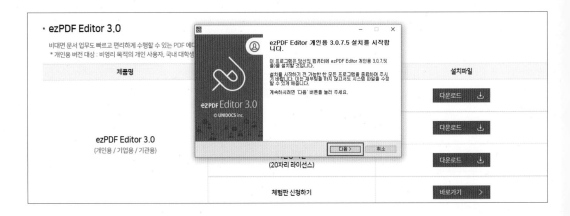

▶ 좌측 하단에 다운받아진 [ezpdf editor personal Setup 3.0]을 클릭해서
   프로그램을 설치합니다.

▶ ez pdf 3.0 설치를 시작하는 [다음]을 클릭합니다. 설치 동의를 하고 계속 설치를
   진행합니다.

▶ 설치가 완료되면 [닫음]을 클릭합니다.

② 텍스트 삽입하기

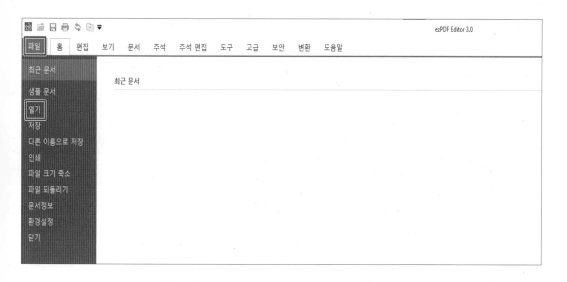

▶ 설치된 [ezpdf editor 3.0] 프로그램을 엽니다. [파일]에서 [열기]를 클릭합니다.

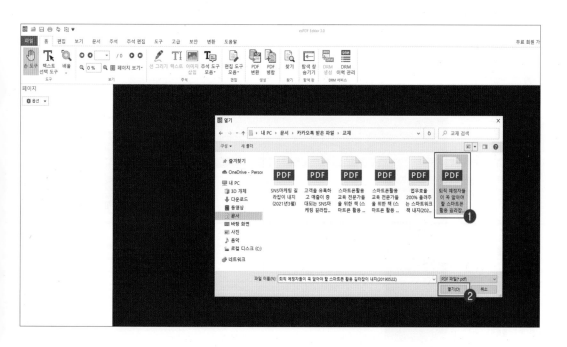

▶ ① 편집하고 싶은 PDF 문서를 선택합니다. ② [열기]를 클릭합니다.

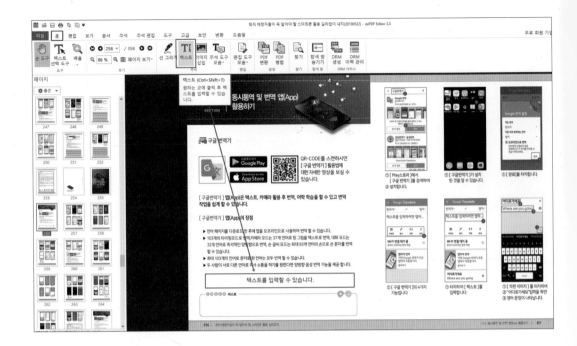

▶ 상단의 [홈] 메뉴에서 [텍스트]를 클릭합니다. 텍스트를 추가하고 싶은 곳을 클릭한 후 텍스트를 입력할 수 있습니다.

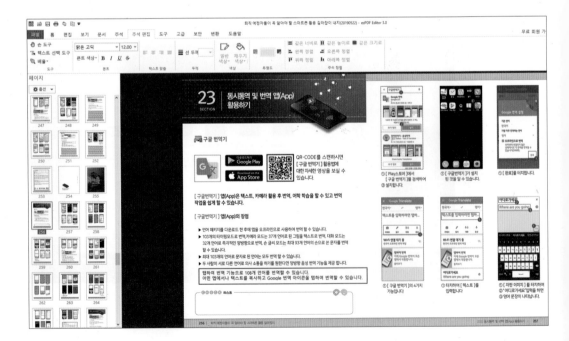

▶ 텍스트가 추가된 것을 확인할 수 있습니다.

③ 텍스트 지우고 변경하기

▶ [편집] 메뉴에서 [텍스트 삭제]를 클릭합니다. 원하는 텍스트를 선택해서 삭제할 수 있습니다.

▶ 삭제할 영역을 드래그하면 [선택 영역 삭제 적용] 창이 뜹니다. [예]를 클릭합니다.

▶ 원치않는 텍스트를 삭제하고 텍스트를 다시 입력해서 추가할 수 있습니다.

④ 이미지 지우고 삽입하기

▶ ① [홈] 메뉴에서 [편집 도구 모음]의 [영역 삭제]를 클릭합니다.
　② 삭제하고 싶은 이미지의 영역을 드래그해서 지정합니다.

▶ 삭제 영역으로 [현재 페이지]를 선택하고 [예]를 클릭합니다.

▶ ① [홈]메뉴에서 [이미지 삽입]을 클릭합니다. ② 이미지를 삽입할 영역을 드래그
합니다.

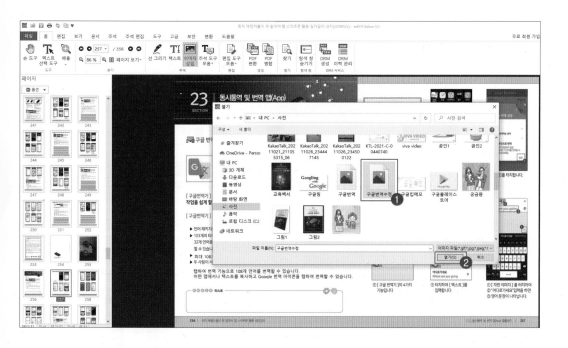

▶ ① 삽입할 이미지를 선택합니다. ② [열기]를 클릭합니다.

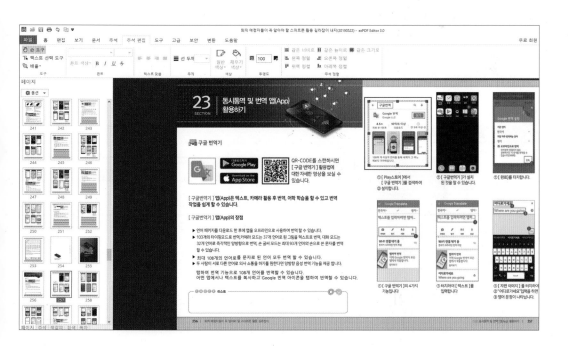

▶ 지정한 영역에 이미지가 삽입된 것을 확인할 수 있습니다.

5 PDF 파일 변환하기(HWP, TXT, PPT 외)

▶ pdf 파일을 변환하기 위해 [변환]메뉴에서 [PPT로]를 클릭합니다. hwp, word, excel, text, image, HTML로도 변환할 수 있습니다.

▶ PPT로 변환하여 저장할 범위를 설정합니다. ① 시작 부분을 입력하고 ② 끝 부분을 입력합니다. [확인]을 클릭합니다.

▶ 문서를 저장할 장소를 선택하고 [저장]을 클릭하면 문서가 PPT로 변환되어 저장됩니다.

스마트폰과 유튜브에 스마트한 대한민국을 만들어갑니다!

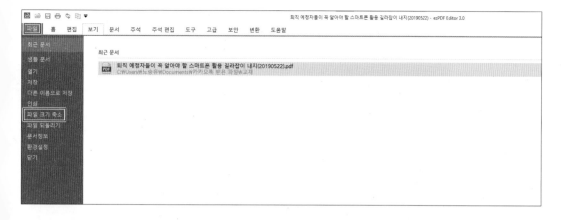

▶ 상단의 [파일]메뉴에서 [파일 크기 축소]를 클릭합니다.

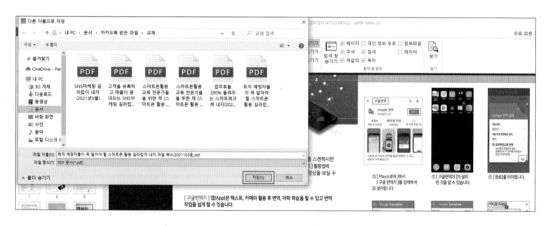

업무효율 200% 향상을 위한 책!

▶ 파일을 축소해서 저장할 위치를 선택하고 [저장]을 클릭합니다.

▶ 파일 크기 축소 팝업창의 선택사항을 확인한 후 [시작]을 클릭합니다.

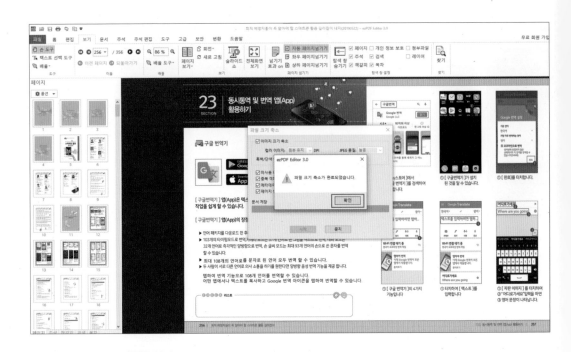

▶ 파일 크기 축소가 완료되면 [확인]을 클릭합니다.

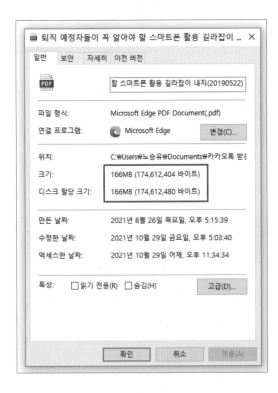

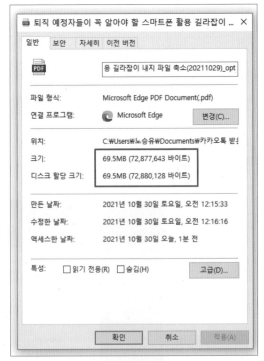

▶ 축소하고자 했던 파일의 용량이 절반 이하로 축소되어 저장된 것을 확인할 수 있습니다.

❻ 도장 삽입하기

업무효율 200% 향상을 위한 책!

▶ 상단의 [홈] 탭에서 [이미지 삽입]을 클릭합니다. 직인은 [바로 도장]이나 도장 앱에서 미리 만들어 놓으면 편리하게 사용할 수 있습니다.

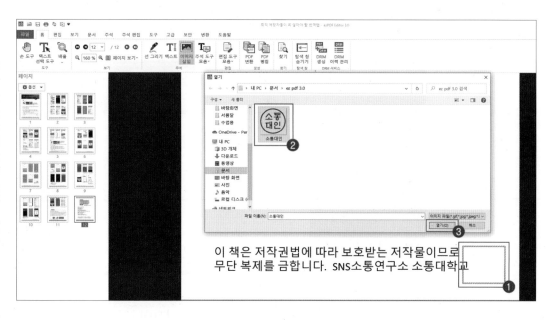

▶ ① 이미지를 삽입할 영역을 드래그해서 표시하면 팝업창이 뜹니다. ② 삽입할 직인을 클릭합니다. ③ [열기]를 클릭합니다.

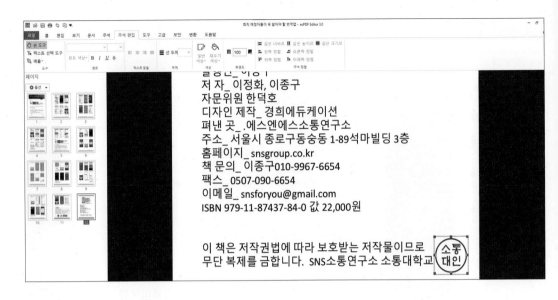

저 자_ 이정화, 이종구
자문위원 한덕호
디자인 제작_ 경희에듀케이션
펴낸 곳_ .에스엔에스소통연구소
주소_ 서울시 종로구동숭동 1-89석마빌딩 3층
홈페이지_ snsgroup.co.kr
책 문의_ 이종구010-9967-6654
팩스_ 0507-090-6654
이메일_ snsforyou@gmail.com
ISBN 979-11-87437-84-0 값 22,000원

▶ 직인이 삽입되고 드래그해서 표시된 박스 라인을 옮겨서 직인의 위치를 변경할 수
있습니다.

7 PDF 병합

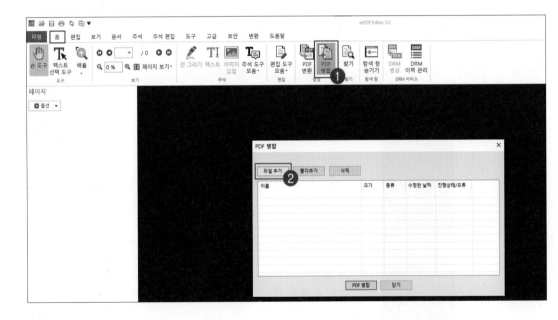

▶ ① 상단의 [홈] 탭에서 [PDF 병합]을 클릭합니다. ② 팝업창이 뜨면 [파일추가]를
클릭합니다.

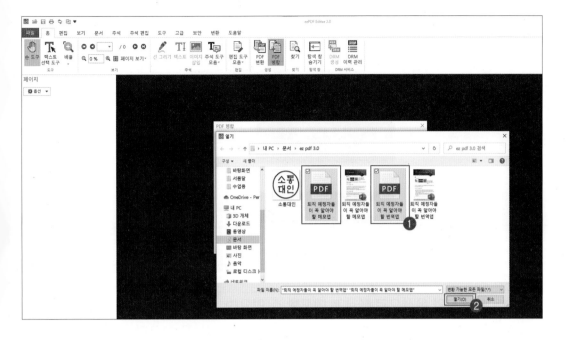

▶ ① 병합할 파일을 선택합니다. ② [열기]를 클릭합니다.

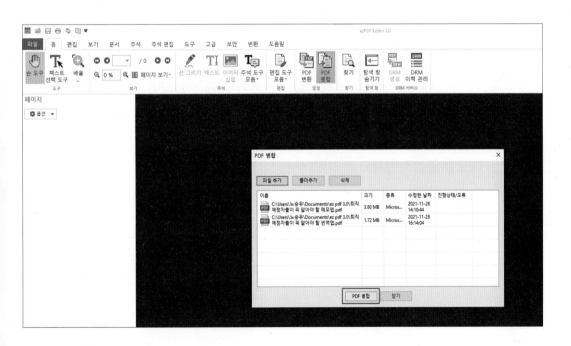

▶ [PDF 병합]을 클릭하면 2개의 파일이 하나의 파일로 합쳐진 것을 확인할 수 있고 병합된 파일을 저장할 수 있습니다.

❹ 전 세계 5억 명 이상이 사용하는 구글 메모 앱 제대로 활용하기 - 구글킵

QR코드를 스캔하시면 강의를 볼 수 있습니다.

[구글킵]

구글킵은 텍스트와 음성으로 빠르게 메모할 수 있으며, 안드로이드, ios 스마트폰과 태블릿, 윈도우, 맥 등 모든 운영체제에서 동기화되며 정보를 공유할 수 있는 메모 앱입니다.

[구글킵] 앱(App)의 장점과 활용

▶ 생각하고 있는 내용을 빠르게 기록하고, 메모에 설정한 시간이 되거나 장소에 도착했을 때 알림을 받을 수 있습니다.

▶ 이동 중에 음성 메모를 작성하면 음성과 텍스트가 함께 생성되어 저장됩니다.

▶ 영수증, 문서, 명함 등을 사진으로 촬영해서 손쉽게 정리하고 검색이 편리합니다.

▶ 메모에 색과 라벨을 추가하여 메모를 간편하게 정리하고 검색할 수 있습니다.

▶ 저장된 메모를 공동작업자와 동기화해서 공유하고 협업이 가능합니다.

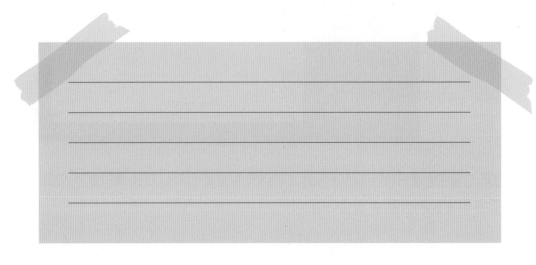

  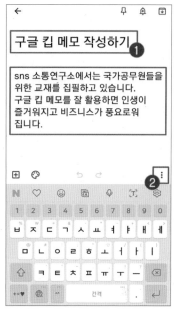

1️⃣ 구글 플레이 스토어에서 [구글킵]을 설치하고 [열기]를 터치합니다.
2️⃣ 구글 Gmail로 로그인합니다. PC와 동일한 계정과 연동이 가능합니다. 새 메모 작성을 위해 하단의 [+]를 터치합니다. 3️⃣ ① 새 메모의 제목과 내용을 입력합니다.
② 메모 우측하단의 [더보기]를 터치합니다.

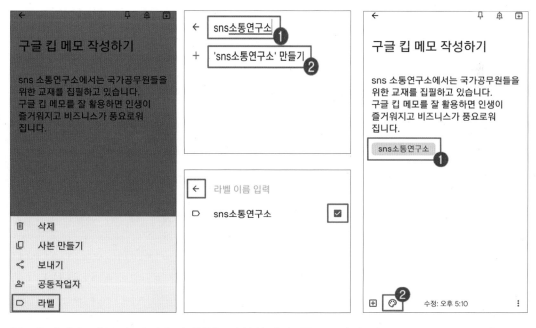

1️⃣ 새 라벨을 만들기 위해 [라벨]을 터치합니다. 2️⃣ ① 라벨 이름으로 [sns소통연구소]라고 입력합니다. ② [만들기]를 터치합니다. 만들어진 [sns소통연구소]라벨을 체크하고 좌측 상단의 [←]를 터치합니다. 3️⃣ ① 메모에 라벨이 추가되었습니다.
② 메모 색상 변경을 위해 하단의 [파레트] 아이콘을 터치합니다.

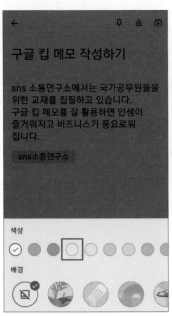
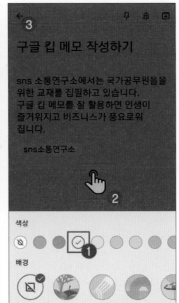

1️⃣ 변경하고 싶은 색상을 터치합니다. 2️⃣ ① 선택한 색상으로 메모가 변경되었습니다. ② 메모를 터치하면 하단 메뉴가 사라집니다. ③ 좌측 상단의 [←]를 터치합니다. 3️⃣ 메모가 추가된 것을 확인할 수 있습니다. 체크 박스 메모 작성을 위해 좌측 하단에 있는 [체크목록] 아이콘을 터치합니다.

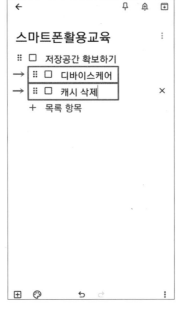
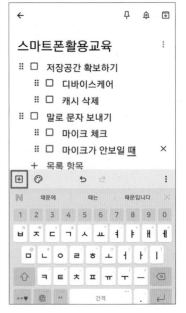

1️⃣ 메모의 제목을 입력하고 하단의 체크목록을 키보드 우측의 [↵] enter를 활용해서 작성합니다. 2️⃣ 체크목록의 하위메뉴를 설정할 수 있습니다. 하위메뉴가 될 목록을 우측으로 살짝 밀어줍니다. 3️⃣ 메모에 음성 추가를 위해 좌측 하단의 [추가 ➕]를 터치합니다.

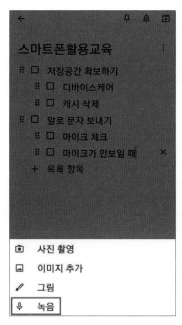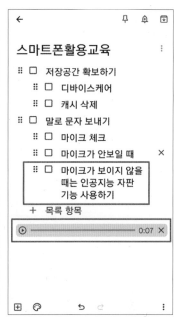

업무효율 200% 향상을 위한 책!

1 이미지를 추가할 수 있고 손글씨를 쓸 수도 있습니다. 음성 녹음을 위해 [녹음]을 터치합니다. **2** 구글 음성 인식 엔진을 사용하는 마이크가 표시되면 메모할 내용을 말합니다. **3** 음성 녹음이 추가되고 인식된 음성이 텍스트로 추가되었습니다.

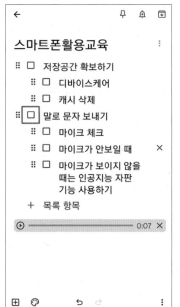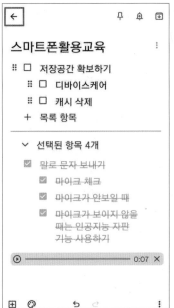

1 체크목록 중 완료한 작업이 있다면 [√] 해줍니다. **2** 좌측 상단의 [←]를 터치합니다. **3** 이미지를 활용한 새로운 메모 작성을 위해 하단의 [이미지] 아이콘을 터치합니다.

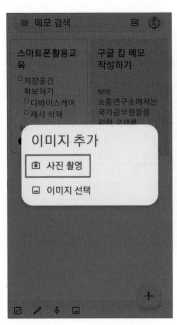  

1 이미지 추가를 위해 사진 촬영을 할 수도 있고 스마트폰에 저장된 이미지를 선택할 수 있습니다. [사진 촬영]을 터치합니다. 2 촬영한 이미지를 터치합니다. 3 우측 상단의 [더보기]를 터치합니다.

  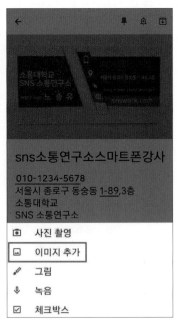

1 메뉴에서 [이미지에서 텍스트 가져오기]를 터치합니다. 2 ① 이미지에 있던 텍스트가 추가되었습니다. 2 ② 메모 고정 아이콘을 터치해서 메모를 고정합니다. ③ 좌측 하단의 [추가 +]를 터치합니다. 3 이미지 추가를 위해 메뉴에서 [이미지 추가]를 터치합니다.

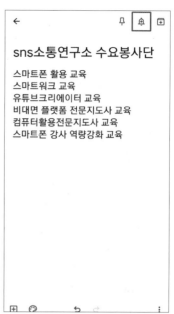

1 좌측 상단의 [←]를 터치합니다. 2 메모가 추가된 것을 확인할 수 있습니다.
새 메모 작성을 위해 우측 하단의 [+]를 터치합니다. 3 새 메모의 제목과 내용을 입력하
고 알림설정을 위해 우측 상단의 [알림추가] 아이콘을 터치합니다.

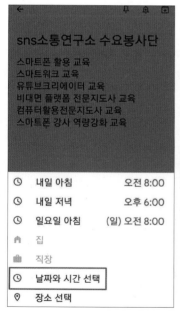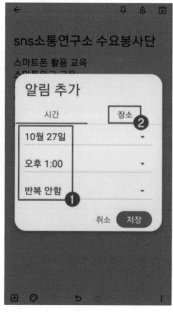

1 고정된 알림 시간을 선택할 수도 있지만 특정한 날짜 설정을 위해 [날짜와 시간 선택]
을 터치합니다. 2 ① 날짜와 시간, 반복 여부를 설정합니다. ② [장소]를 터치합니다.
3 위치 알림을 설정하면 그 장소에 갔을 때 알림이 옵니다. [위치 수정]을 터치합니다.

 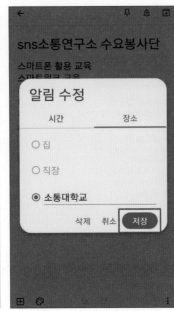 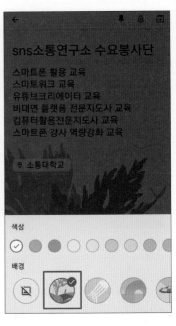

1️⃣ 장소를 입력하고 검색된 장소를 터치합니다. 2️⃣ [저장]을 터치합니다. 저장된 장소 근처에 가면 알림이 도착합니다. 3️⃣ 메모 좌측 하단의 [파레트] 아이콘을 터치해서 메모의 색상과 배경화면을 설정할 수 있습니다.

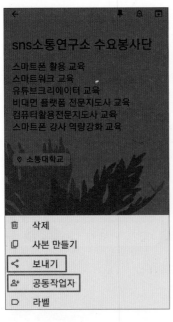 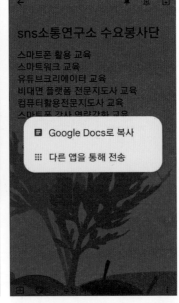 

1️⃣ 메모 우측 하단의 [점 3개]를 터치하면 메모를 보내기 할 수 있고 공동작업자를 설정할 수 있습니다. 2️⃣ 메모를 Google Docs로 복사할 수 있고 카카오톡이나 다른 앱으로 전송할 수 있습니다. 3️⃣ 메모별로 공동작업자를 추가해서 메모를 함께 공유할 수 있습니다.

▶ 구글킵은 같은 Gmail 계정으로 로그인하면 스마트폰과 PC를 연동해서 메모를 관리
할 수 있습니다. ① PC 크롬 브라우저 구글 화면에서 우측 상단의 점 9개 [메뉴모음]
을 터치합니다. ② 드롭 다운된 메뉴에서 [구글킵]을 클릭합니다.

▶ 스마트폰에서 작성한 메모들이 PC와 연동된 것을 확인할 수 있습니다. ① [설정]에서
알림 기본 설정, 공유 사용 설정을 할 수 있고 단축키 사용법과 앱을 다운로드 받을 수
있습니다. ② 체크박스, 손글씨, 이미지를 삽입해서 메모를 작성할 수 있습니다.
③ 메모 알림, 공동작업자, 색상 변경, 이미지 삽입, 보관처리 할 수 있고 더보기에서
라벨을 추가하고 이미지에서 텍스트를 삽입하는 등 스마트폰의 구글킵 사용 방법과
동일합니다. ④ 메모를 보관 처리할 수 있습니다. ⑤ 메모를 삭제할 수 있습니다.

▶ 구글킵 메모를 크롬 브라우저 [확장프로그램]에 추가하면 더 편리하게 메모를 관리할 수 있습니다. ① 크롬 웹 스토어에서 [구글킵]을 입력하고 검색합니다. ② 검색된 Google Keep Chrome 확장 프로그램을 클릭합니다.

▶ 구글킵 크롬 확장 프로그램 [Chrome에 추가]를 클릭합니다.

▶ [확장 프로그램 추가]를 클릭하고 확장 프로그램 목록에서 목록 이름 옆에 핀을 클릭해서크롬 브라우저 상단에 고정해 줍니다.

1️⃣ 메모하고 싶은 사이트가 있으면 크롬 브라우저 상단에 고정해 놓은 [구글킵] 아이콘을 클릭합니다. 2️⃣ 구글킵 메모장이 열리면 메모 제목과 내용을 입력하고 우측 하단의 [keep 저장] 아이콘을 클릭합니다.

▶ 새로운 메모로 사이트 주소와 내용이 저장된 것을 확인할 수 있습니다.
스마트폰에도 같은 메모가 연동되어 저장됩니다.

5 OCR 서비스 제대로 활용하기
1 네이버 스마트보드

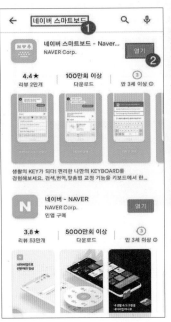  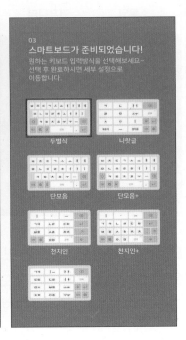

1 ① [PLAY 스토어]에서 [네이버 스마트보드]을 검색하여 설치한 후 ② [열기]를 터치합니다. **2** 네이버 스마트보드 스위치, 네이버 스마트보드 활성화, 키보드 입력방식을 선택합니다. **3** 스마트보드가 준비되면 원하는 키보드 입력방식을 선택합니다.

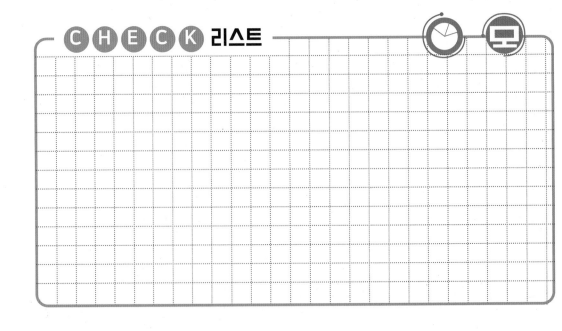

스마트한 공무원이 스마트한 대한민국을 만들어 갑니다!

1️⃣ [기본설정]에서는 툴바 편집, 자주 쓰는 문구, 퀵 문자, MY 이모티콘, MY 스티커 등을 설정합니다. 2️⃣ [상세설정]에서는 키보드 높이, 시스템 폰트 사용 등을 설정합니다. 3️⃣ [디자인]에서 다크모드, 본인에게 어울리는 기본 테마를 설정합니다.

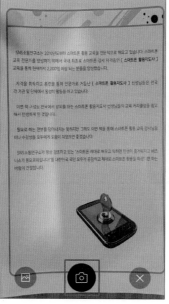
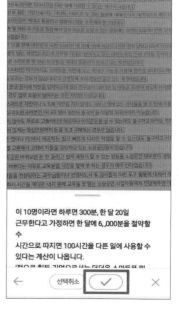

1️⃣ [툴바]에서 [문자인식] 아이콘을 터치합니다. 2️⃣ [카메라]를 터치하여 글씨 부분이 잘 나오도록 화면을 조절하여 촬영합니다. 3️⃣ [체크] 표시를 터치합니다.

 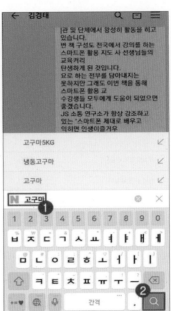 

1 ① 카카오톡 [문자 입력창의 빈 곳]을 터치합니다. 인식된 글들이 보이고 ② [전송] 아이콘을 누르면 바로 보내집니다. **2** ① [네이버]를 터치한 후 검색할 단어를 입력합니다. ② [돋보기] 아이콘을 터치합니다. **3** ① [이미지 공유]해서 원하는 곳으로 보냅니다. ② [텍스트 공유]해서 원하는 곳으로 보냅니다.

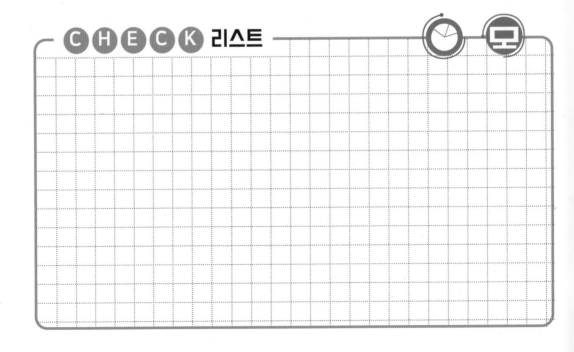

2 vflat

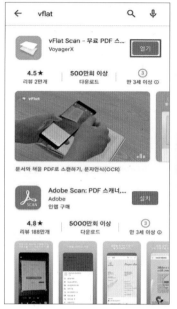

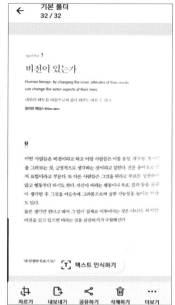

1 [vflat] 실행을 위해 [열기]를 터치합니다. **2** 굴곡진 책의 스캔이 가능하며, 스캔을 위해 흰 버튼을 터치합니다. **3** 굴곡져 있던 책의 텍스트들이 평면으로 불러옵니다.

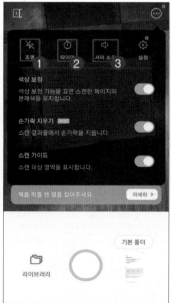
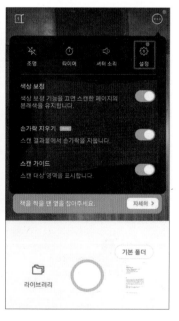

1 우측상단의 [점 세 개]를 누릅니다. **2** ① 밝기조절을 위해 [조명]기능이 있으며, ② 3초, 4초, 5초, 7초 등 [타이머] 자동촬영이 가능합니다. ③ [셔터 소리]를 누름으로 조절 가능합니다. **3** 화면 상단의 [설정]을 터치합니다.

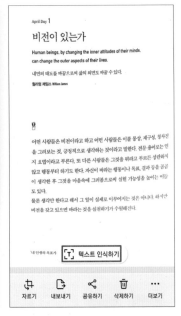

1️⃣ [설정]에서 필요한 기능을 활성화합니다.
2️⃣ 스캔한 문서를 [기본 폴더] 아래를 터치합니다.
3️⃣ 스캔한 문서가 나오면 [텍스트 인식하기]를 터치합니다.

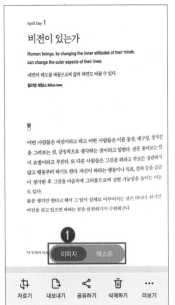
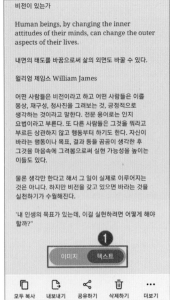

1️⃣ ① [이미지]를 터치하면 하나의 사진으로 저장하고, 2️⃣ ① [텍스트]를 터치하면 글자로 인식합니다. 3️⃣ 스캔한 문서를 관리하기 위해 [라이브러리]를 터치합니다.

1 화면 하단을 터치합니다. 2 ① 원하는 [폴더]의 이름을 입력한 후 ② [추가]를
터치하면 폴더가 생성됩니다. 3 라이브러리에서 기본 폴더를 터치하고 ① 스캔한 문서
를 길게 누른 후 [이동하기]를 터치합니다.

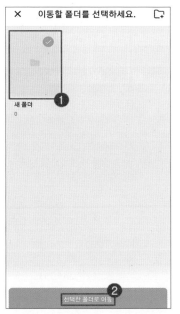

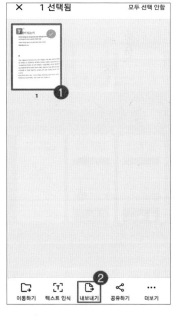

1 생성된 폴더를 터치하고, [선택한 폴더]로 이동을 터치합니다. 2 뒤로 버튼을 누르면,
스캔한 문서가 만든 [폴더]로 이동된 것을 확인할 수 있습니다. 3 ① 스캔한 문서를
선택하고 ② 내보내기를 터치합니다.

1️⃣ 내보내기에서 [PDF 파일]을 터치합니다. 2️⃣ 하단에 [PDF 내보내기]를 터치합니다. 3️⃣ ① [공유하기]를 원하는 곳으로 자료를 공유할 수 있으며, ② [PDF 열기]를 터치하면 내용을 확인할 수 있습니다.

  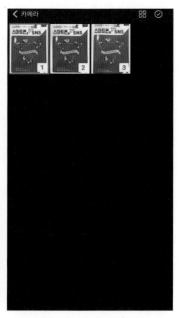

1️⃣ [App Store]에서 [Vflat]을 검색한 후 [열기]를 터치합니다.
2️⃣ 스캔을 위해 [흰 버튼]을 터치합니다. 3️⃣ 스캔한 문서가 나옵니다.

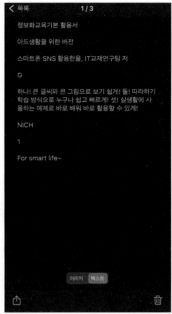

1 스캔한 문서를 선택 후 [텍스트 인식하기]를 터치합니다. **2** 텍스트로 스캔된 것을 확인합니다. **3** 텍스트로 인식된 내용을 [길게 터치]한 후 [전체선택]을 터치합니다.

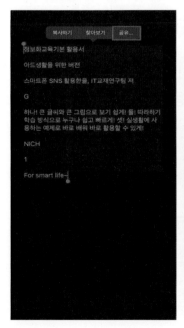

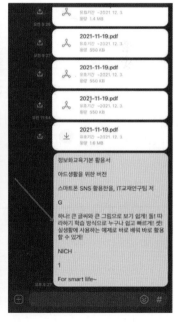

1 전체선택된 스캔한 텍스트를 [공유]를 터치합니다. **2** 원하는 [SNS (카카오톡)]을 선택합니다. **3** 공유된 내용을 확인할 수 있습니다.

업무효율 200% 향상을 위한 책!

3 OCR(텍스트스캐너)

QR코드를 스캔하시면
강의를 볼 수 있습니다.

1 ① [텍스트 스캐너] 실행을 위해 ② [열기]를 터치합니다. 2 [텍스트 스캐너]에서 사진을 촬영하고 동영상을 녹화하도록 [앱 사용 중에만 허용]을 터치합니다.

3 ① [밝기]를 조절하는 기능입니다. ② [확대 및 축소] 기능입니다. ③ [촬영] 버튼 입니다.

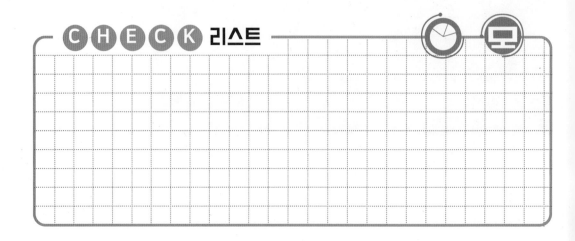

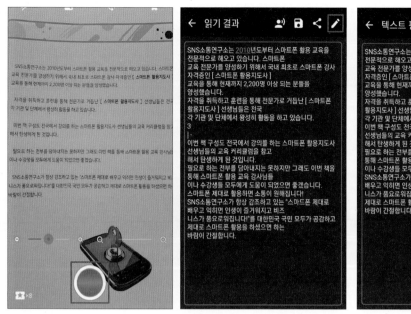
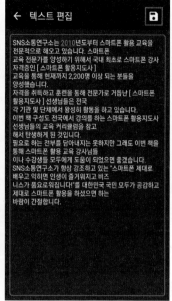

1 브로슈어에 있는 내용을 [촬영]합니다. 2 [텍스트 스캐너]가 텍스트로 변환된 읽기 결과를 보여주며, 수정을 위해 [편집] 버튼을 터치합니다. 3 텍스트 편집이 끝나면 [저장]을 터치합니다.

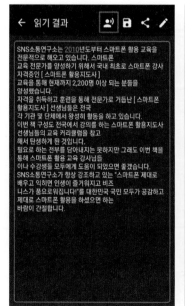
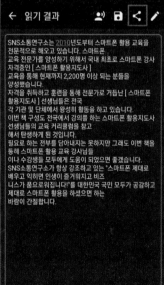

1 읽기 결과를 음성으로 듣기 위해 [음성] 버튼을 터치합니다. 2 읽기 결과를 공유하기 위해 [공유] 버튼을 터치합니다. 공유에서 [사용할 애플리케이션]중 하나를 선택합니다. 처음 선택한 애플리케이션으로 자동 연결되니 신중히 선택합니다. 3 [갤러리]에 있는 사진을 [텍스트 스캐너]로 가져오려면 이미지 아이콘을 터치합니다.

1 [텍스트 스캐너]에서 기기의 사진, 미디어, 파일에 액세스하도록 [허용]합니다.
2 갤러리에서 원하는 [사진]을 선택합니다. 3 [주사]를 터치합니다.

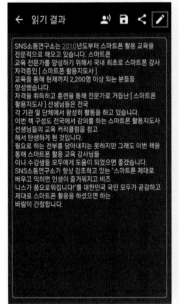
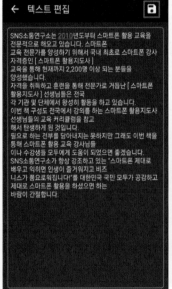
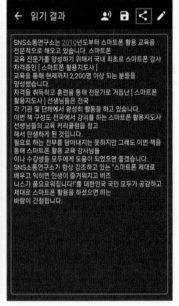

1 사진 내용이 텍스트로 변환되어 읽기 결과를 보여줍니다. 수정을 위해 [편집]을 터치
합니다. 2 텍스트 편집이 끝나면 [저장]을 터치합니다. 3 읽기 결과를 공유하기 위해
[공유] 버튼을 터치합니다.

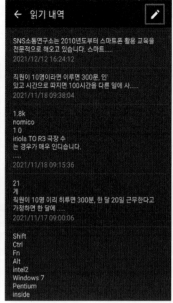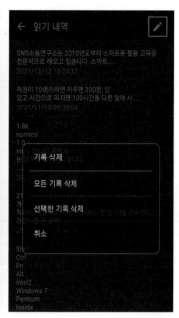

1️⃣ [읽기 내역] 아이콘을 터치합니다. 2️⃣ 읽기 내역 중에서 필요 없는 기록을 삭제하기 위해 [편집]를 터치합니다. 3️⃣ [모든 기록 삭제], [선택한 기록 삭제], [취소] 중에서 원하는 것을 선택합니다.

1️⃣ 선택해서 [읽기 내역]을 지우고자 할 때 [삭제] 버튼을 하나씩 터치합니다.
2️⃣ [설정]을 터치하면 추가 정보를 확인할 수 있습니다. 3️⃣ 필요한 옵션들을 활성화할 수 있습니다.

6 스마트폰과 PC에서 연동되는 프로그램 제대로 활용하기 - 오피스렌즈

1 [오피스 렌즈] 실행을 위해 [열기]를 터치합니다. 2 아래 메뉴 중에 [조치]를 터치합니다. 3 [텍스트], [표], [읽기], [연락처], [QR 코드] 종류가 나옵니다.

  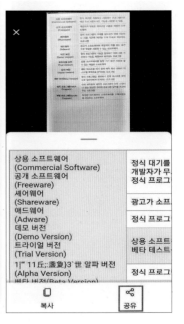

1 [표]를 터치하여 인쇄된 표를 추출하기 위한 캡쳐 기능을 수행합니다. 2 조절점을 이용하여 선택을 하고 [계속]을 터치합니다. 3 추출된 내용을 확인하고 [공유]를 터치합니다.

1 공유 대상 중에서 [One Drive]를 터치합니다. **2** ① 원하는 위치를 선택합니다.
② [√]를 터치합니다.

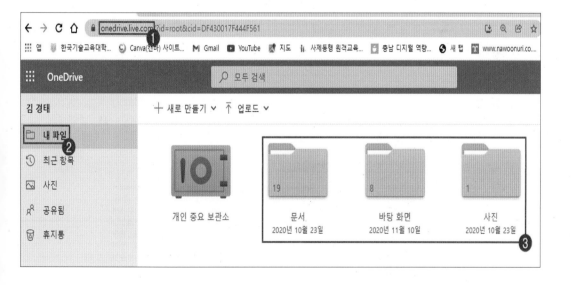

▶ ① PC 주소창에 [onedrive.live.com]을 입력하여 OneDrive를 실행합니다.
② [내 파일]을 터치합니다. ③ 오피스 렌즈에서 스캔한 문서를 공유하여 저장한
[폴더]를 클릭합니다.

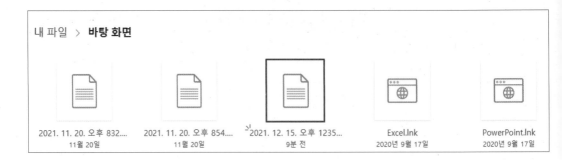

▶ 저장된 폴더에 있는 파일을 선택하여 실행합니다.

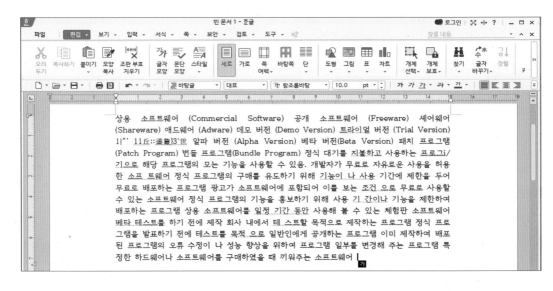

▶ 캡쳐해서 추출된 내용을 블록을 지정하여 복사하기 [Ctrl + C] 하고 한글을
실행합니다.

▶ [한글] 화면에서 텍스트를 붙이기 [Ctrl + V]를 실행하여, 수정 및 편집을 할 수가
있습니다.

7 스마트폰과 PC에서 용량 제한없이 자료전송하기
1 샌드애니웨어 - 스마트폰 버전

1 [샌드애니웨어]를 실행하기 위해 [열기]를 터치합니다. 2 [샌드애니웨어] 화면
은 다양한 메뉴가 있어 그 파일 방식으로 선택하여 전송할 수 있습니다. 3 ① [사진]을
선택합니다. ② 전송할 사진 선택한 후 ③ [보내기]를 터치합니다.

1 숫자 6자리, QR코드,
링크 공유, 최근 공유 기기
등 다양한 방법으로 전송이
가능합니다.
2 ① [전송내역] 탭에서
② 파일 전송 결과를 확인
할 수 있습니다.

② 샌드애니웨어 - PC 버전

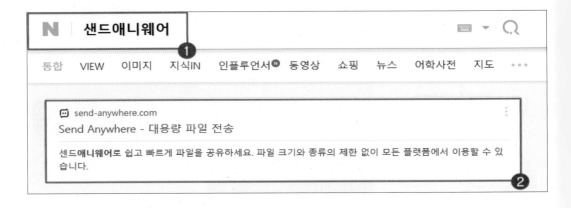

▶ 스마트폰에 있는 파일을 전송받기 위해 PC에서 네이버 검색창에 ① [샌드애니웨어] 을 입력하여 검색합니다. ② [Send Anywhere]을 클릭합니다.

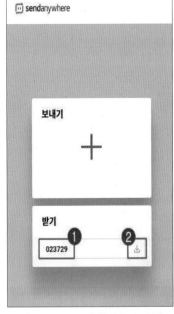

1 스마트폰에서 받은 숫자 6자리를 [키 또는 링크 입력] 부분에 입력합니다.
2 스마트폰에서 전송받은 ① [숫자 6자리]를 입력한 후 아래로 화살표 ② [내려받기]를 클릭합니다. 3 화면 아래에 있는 [전송받은 파일]을 클릭하면 내용을 확인할 수 있습니다.

8 크롬 확장 프로그램을 제대로 활용하면 업무 효율을 쉽고 빠르게 올릴 수 있다.

1 광고없이 신문기사 등 자료 보기

QR코드를 스캔하시면
강의를 볼 수 있습니다.

AdBlock 🤚 **최고의 광고 차단기**

▶ AdBlock은 YouTube, Facebook, Twitch 등 각종 웹 사이트에서 뜨는 광고와 팝업을 차단해 주는 유용한 확장 프로그램입니다. 광고가 차단되니 페이지 로드 시간이 단축되어 인터넷을 더 빠르게 즐길 수 있고 광고 없이 신문 기사와 자료들을 볼 수 있게 해줍니다.

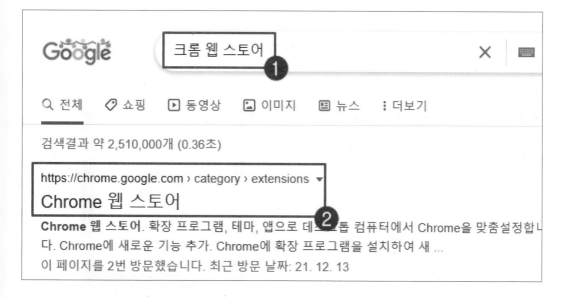

▶ 구글 검색창에 ① [크롬 웹 스토어]라고 검색 후 ② [Chrome 웹 스토어]를 클릭합니다.

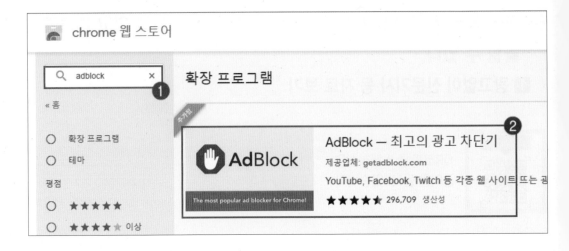

▶ 크롬 웹스토어 검색창에 ① [adblock] 입력 후 ② [AdBlock – 최고의 광고 차단기]
를 클릭합니다.

▶ [chrome에 추가]를 클릭합니다.

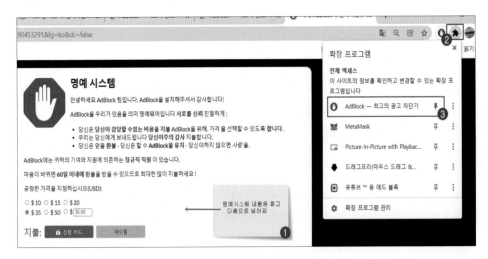

▶ ① 명예 시스템 내용은 참고로 읽어보고 ② [확장프로그램] 아이콘을 눌러
③ [AdBlock 핀]을 활성화합니다.

▶ 상단에 AdBlock이 고정되어 빠르게 실행할 수 있습니다.

▶ 네이버 뉴스로 이동합니다.

▶ 오른쪽 광고들이

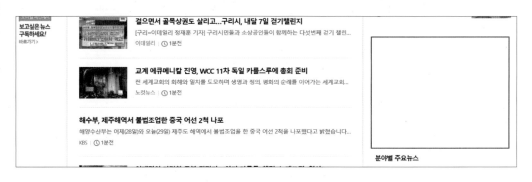

▶ 사라졌음을 알 수 있습니다.

업무효율 200% 향상을 위한 책!

스마트한 아무님이 스마트한 대한민국을 만들어 갑니다!

1️⃣ 총 8개의 광고를 차단하고 2️⃣ 더 차단할 것이 없다는 메시지가 뜹니다.

▶ 확장 프로그램의 삭제나 세부 정보를 보고자 하면 ② [확장 프로그램 관리] 아이콘을 클릭합니다.

▶ ① [프로그램 활성/ 비활성화 버튼], ② [삭제], ③은 이 프로그램의 [세부 정보]를 볼 수 있습니다.

업무효율 200% 향상을 위한 책!

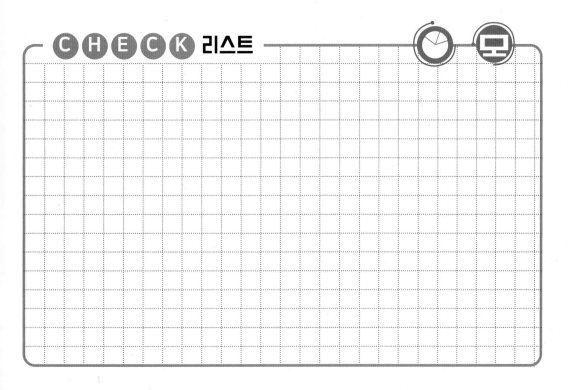

▶ 확장 프로그램의 세부 정보의 내용은 다음과 같습니다.

← ✋ AdBlock – 최고의 광고 차단기

사용 ●

설명
YouTube, Facebook, Twitch 등 각종 웹 사이트 뜨는 광고와 팝업을 차단할 수 있습니다.

버전
4.39.1

크기
12.7MB

ID
gighmmpiobklfepjocnamgkkbiglidom

뷰 검사
- options.html
- 백그라운드 페이지

권한
- 모든 웹사이트의 전체 데이터 읽기 및 변경
- 알림 표시

사이트 액세스

이 확장 프로그램이 내가 방문하는 다음 웹사이트의 모든 데이터를 읽고 변경하도록 ⑦ | 모든 사이트에서 ▼ |
허용합니다.

시크릿 모드에서 허용
경고: Chrome에서는 확장 프로그램에 인터넷 사용 기록이 저장될 수 있습니다. 시크릿 모드에서 이 확 ○
장 프로그램을 사용 중지하려면 옵션을 선택 해제하세요.

파일 URL에 대한 액세스 허용 ○

오류 수집 ○

확장 프로그램 옵션 ⤤

Chrome 웹 스토어에서 보기 ⤤

출처
Chrome Web Store

2 플로팅 플레이어(floating player)

QR코드를 스캔하시면
강의를 볼 수 있습니다.

Picture - in - Picture

▶ Picture-in-Picture 확장프로그램은 업무나 웹 검색을 중단하지 않고 보고 있는 창에서
다른 비디오를 재생해서 볼 수 있는 플로팅 플레이어 (Floating player) 프로그램
입니다. 픽처 인 픽처 (Picture-in-picture) 모드라고 하며 완전히 작동하는 비디오
플레이어를 생성하여 브라우저 전체에서 다른 웹사이트를 탐색하거나 시트 및
그래픽을 검토하는 동안에도 비디오를 계속 시청할 수 있게 해주는 유용한 프로그램
입니다.

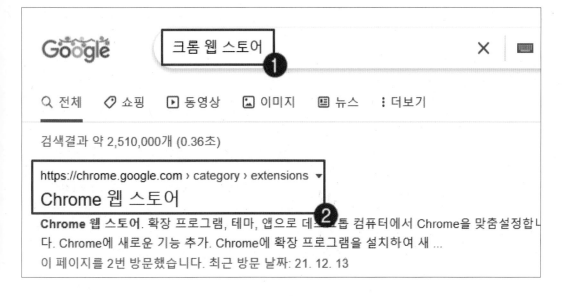

▶ ① 구글 검색창에서 ② [크롬 웹 스토어]를 검색하고 클릭해서 들어갑니다.

▶ 크롬 웹 스토어에서 ① [플로팅 플레이어] 검색어 입력 후 ② [Picture-in-Picture] 를 선택합니다. 원하는 프로그램이 보이지 않으면 상단에 [확장프로그램 더보기] 버튼을 클릭합니다.

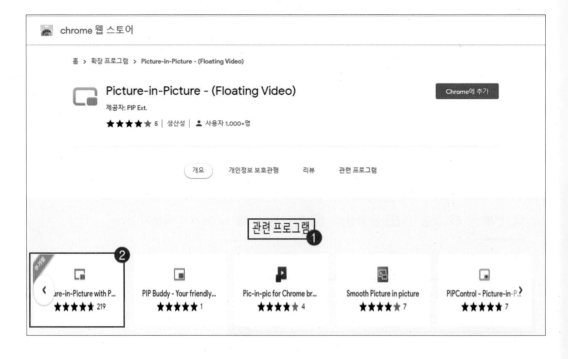

▶ 크롬에 추가하지 않고 하단에 ① [관련 프로그램] 선택 후
붉은색 ② [Picture-in-Picture with Playback Controls]을 선택합니다.

▶ [크롬에 추가]를 클릭합니다.

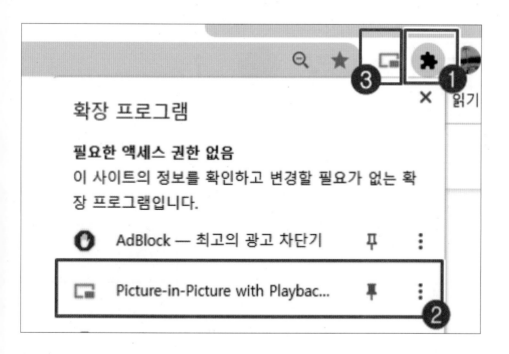

▶ ① [확장프로그램] 아이콘을 클릭하고 ② Picture-in-picture 확장프로그램을
   [파란색]으로 활성화하면 ③ 상단에 고정됩니다.

플로팅 플레이어 활성화하는 방법을 알아보겠습니다.

▶ 기존에 작업창을 열어둔 채로 동영상 공유 플랫폼 (YouTube, Netflix, Vimeo, Daily motion, Facebook) 등으로 이동하여 원하는 검색어를 입력 후 해당 동영상을 선택합니다.

▶ 크롬 창 상단에 [Floating player] 아이콘을 클릭합니다.

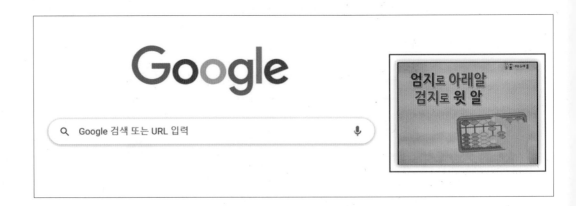

▶ 원하는 동영상이 [작은 미니 플레이어로 재생] 되고 있음을 볼 수 있습니다.
동영상을 보면서 구글 창에서 다른 작업을 할 수 있습니다.

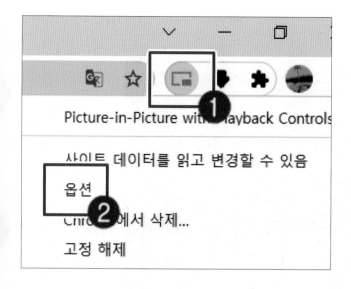

▶ 크롬 창 상단에 Floating player 버튼에서 마우스 버튼 우클릭 후 [옵션] 메뉴를
클릭합니다.

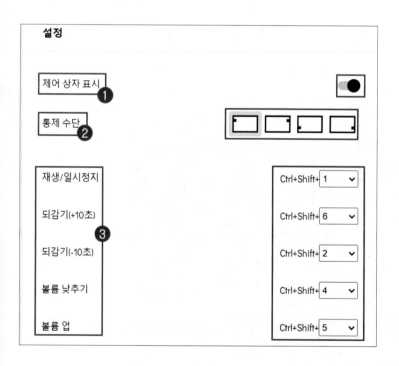

▶ 이곳에서 원하는 대로 설정할 수 있습니다. ① [제어 상자 표시]를 활성화하면
제어표시기가 화면에 표시가 됩니다. ② [통제 수단]은 제어 상자 표시 위치를 지정해
줄 수 있습니다. ③에서 [단축키]를 원하는 대로 설정할 수 있습니다.

▶ 제어 상자가 옵션에서 설정한 대로 왼쪽 위 화면에 표시되었습니다.

▶ 제어 상자 표시 위로 마우스를 올려놓으면 위와 같은 창이 뜹니다. 여기서 조정해도
　되고 설정한 단축키를 사용해도 됩니다.

❸ 드래그 프리(dragfree)

QR코드를 스캔하시면
강의를 볼 수 있습니다.

⬇ Drag Free (v6.8)

▶ 카페, 블로그, 웹 사이트 등에서 마우스 드래그나 우클릭이 방지된 기능을 해제하여
이용할 수 있게 해주는 확장프로그램입니다. 그러나 타인의 저작물에 대해 그 저작물
을 사용하면서 2차 가공이나 상업적 이득을 취하면 법적인 문제가 될 수 있으므로
주의가 필요합니다.

▶ 구글 검색창 첫 화면 상단 왼쪽에 ① [앱 버튼] 클릭 후 ② [앱 스토어]로 들어갑니다.

▶ 검색창에 ① [dragfree] 나 [드래그프리]라고 한글로 입력하고 ② [드래그프리]를
클릭합니다.

▶ [크롬에 추가]를 클릭합니다.

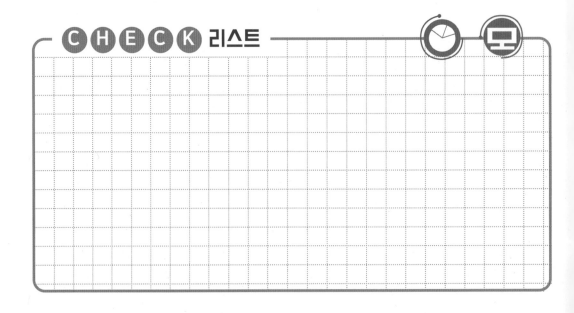

▶ ① [확장프로그램 아이콘]을 클릭하고 ② [드래그프리 핀]을 [파란색]으로 활성화
하면 상단에 ③ [드래그프리 아이콘]이 상단에 고정되어 빠르고 편리하게 사용할 수
있습니다.

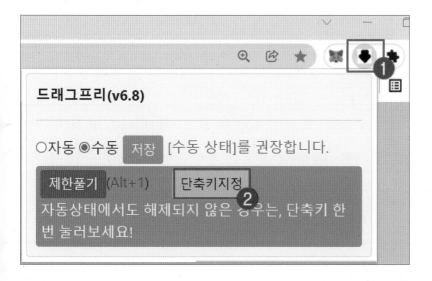

▶ ① [드래그프리 아이콘]을 클릭하고 자동과 수동을 선택한 후 필요한 페이지에서
 [제한 풀기]를 클릭하여 해제할 수 있습니다.

- 자동 (Automatic) 상태로 하면 항상 작동하게 되나 오류가 간혹 생겨 수동 (Manual)
 상태로 사용하는 것을 권장하고 있습니다.

- 단축키는 기본적으로 "Alt+1"로 지정되어 있고, ② [단축키 지정]
 (Defining shortcut)을 클릭하여 단축키를 얼마든지 바꿀 수 있습니다.

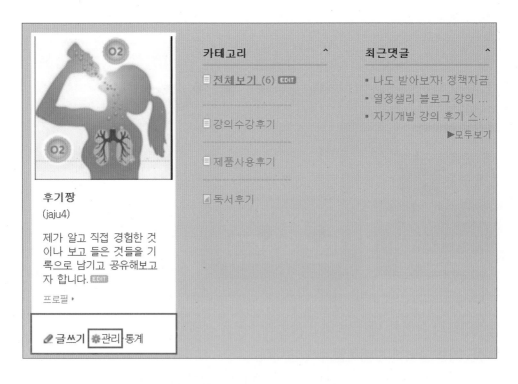

드래그프리(마우스 드래그 & 마우스 우클릭 해제)

| 확장 프로그램 활성화 | 설정 안됨 | ✏ | Chrome ▾ |
| DragFree Hotkey | Alt + 1 | ✏ | Chrome ▾ |

▶ [단축키 지정]을 클릭하면 내 컴퓨터에 설치된 모든 확장프로그램을 볼 수 있습니다.
[드래그프리 확장프로그램]을 선택 후 [연필 아이콘]을 클릭해서 원하는 단축키를
입력해서 변경하면 됩니다. [드래그프리 확장프로그램]을 선택 후 [연필 아이콘]을
클릭해서 원하는 단축키를 입력해서 변경하면 됩니다.

카테고리 ^

📖 전체보기 (6) EDIT

📖 강의수강후기

📖 제품사용후기

📖 독서후기

최근댓글 ^

• 나도 받아보자! 정책자금

• 열정샐리 블로그 강의 …

• 자기개발 강의 후기 스…

▶모두보기

후기짱
(jaju4)

제가 알고 직접 경험한 것
이나 보고 들은 것들을 기
록으로 남기고 공유해보고
자 합니다. EDIT

프로필 ▶

✎ 글쓰기 ⚙ 관리·통계

▶ 먼저 마우스 우클릭 & 드래그 해제 방법을 알기 이전에 마우스 우클릭 & 드래그
방지 방법을 블로그 사례로 알아보겠습니다.
먼저 블로그 첫 화면에서 [관리] 버튼을 클릭합니다.

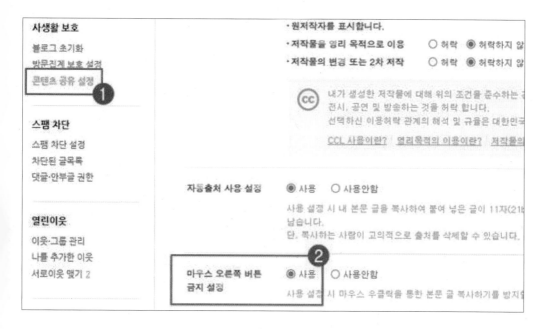

▶ 왼쪽 메뉴 창에서 ① [콘텐츠 공유 설정] 클릭 후 ② [마우스 오른쪽 버튼 금지 설정]
에서 사용으로 설정하면 우클릭 & 드래그가 방지됩니다.

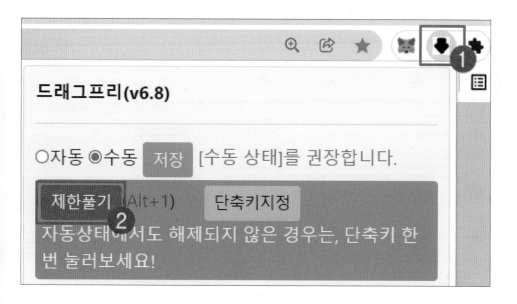

▶ 이렇게 우클릭 금지된 글을 상단에 고정된 ① [드래그프리 아이콘] 클릭 후
② [제한 풀기]를 클릭하면 마우스 우클릭 & 드래그가 해제되어 사용할 수 있게
됩니다.

4 개발자도구를 활용한 마우스 우클릭 잠금 해제하는 방법

QR코드를 스캔하시면
강의를 볼 수 있습니다.

▶ 인터넷을 사용하다 보면 우클릭이나 드래그를 사용해야 할 경우가 생깁니다.
하지만 무단으로 콘텐츠를 긁어서 가져가는 사례들이 많아져서 웹에서 사용하는
언어인 자바스크립트를 (Javascript) 활용해서 강제로 막아놓기도 하는데 크롬 설정
에서 제공하는 자바스크립트 해제 기능을 사용하면 간단하게 이 기능을 사용할 수
있게 됩니다. (단, 인용 출처 표기법 참고할 것)

▶ 크롬 브라우저에서만 가능합니다.

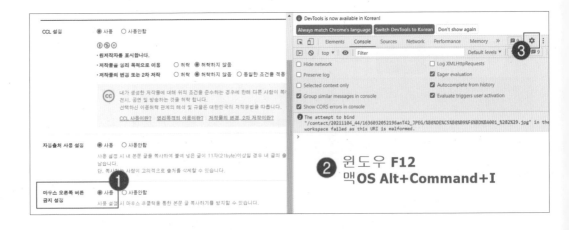

▶ 잠금 해제를 원하는 페이지에서 윈도우 PC는 f12 키를, 맥북은 Alt + command + I 를
눌러 개발자 도구로 이동한 후 환경설정 아이콘을 클릭합니다.

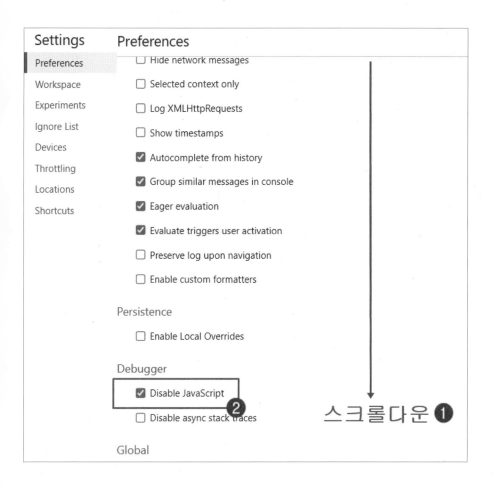

▶ ① 스크롤 바를 내려 [Debugger] 항목을 찾은 후 ② [Disable JavaScript]에 체크 표시해줍니다.

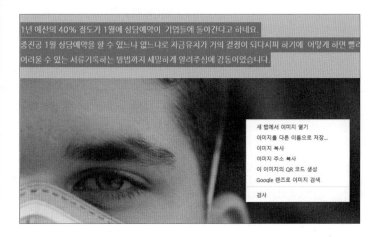

▶ 마우스 우클릭 금지 설정이 해제되어 우클릭 & 드래그가 가능하게 되었습니다.

5강   스마트폰 기본 활용하기

1 스마트폰 개인정보 관리하기
- 설정에서 위치 및 개인정보 보호 기능 살펴보기

QR코드를 스캔하시면
강의를 볼 수 있습니다.

1 홈 화면의 화면을 쓸어내려 알림창에서 화면 상단의 [설정] 아이콘을 터치합니다.

2 설정창에서 [개인 정보 보호]를 터치합니다.

3 개인정보 보호창에서 [진단 데이터 보내기]를 터치합니다.

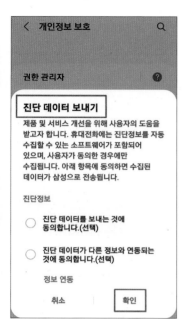

1️⃣ 진단 데이터를 보내는 것에 동의하거나 진단 데이터가 다른 정보와 연동되는 것에
동의하는 것을 선택하고 [확인]을 터치합니다. 2️⃣ 설정창에서 [위치]를 터치합니다.
3️⃣ 앱 권한 된 앱들을 [모두 보기]합니다.

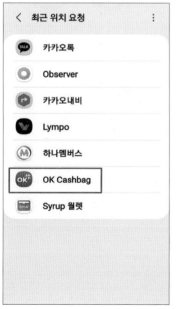

1️⃣ 최근 위치 요청된 앱들을 확인하고 터치합니다.
2️⃣ 애플리케이션 정보의 [권한]을 터치합니다. 3️⃣ [위치]를 터치합니다.

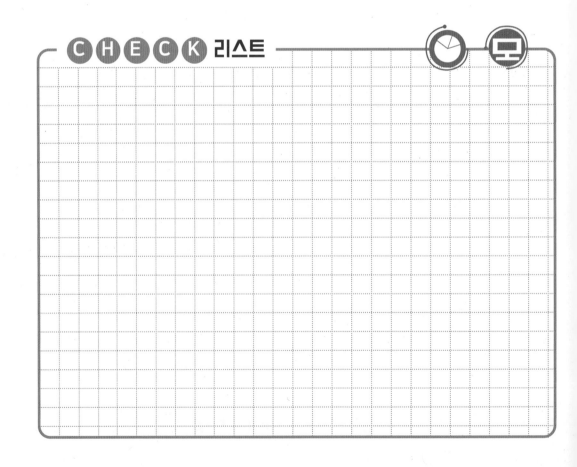

▶ 위치 액세스 권한 중 [앱 사용 중에만 허용]을 터치합니다.

CHECK 리스트

2 스마트폰 저장공간 확보하기
1 디바이스 케어

1 홈 화면의 [빈 곳]을 지그시 터치합니다. 2 화면이 작아지면 하단의 [위젯]을 터치합니다. 3 화면 상단 [위젯을 검색하세요]에서 디바이스 케어를 검색합니다.

1 화면의 [디바이스케어]를 지그시 터치하여 2 1x1크기를 추가하거나 화면을 스와이프하여 3 4x1 중 하나를 선택한 후 추가합니다.

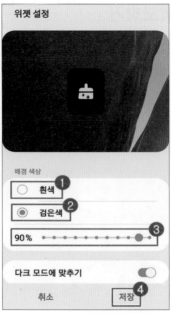

1 ① [디바이스케어 아이콘]을 지그시 터치한 후 ② [설정]을 터치합니다. **2** 배경 색상으로 ① [흰색], ② [검은색] 중에 선택하고 ③ [투명도]를 조정 후 ④ [저장]을 터치합니다. **3** ① [디바이스케어 아이콘]을 자주 터치하여 ② 저장공간을 확보합니다.

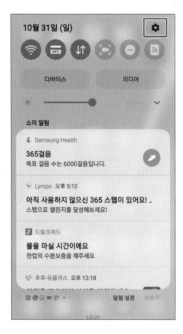

1 알림창의 [설정] 아이콘을 터치합니다. **2** 설정의 [배터리 및 디바이스 케어]를 터치합니다. **3** 디바이스 케어 하단의 [지금 해결]을 터치합니다.

1️⃣ 앱 충돌이 감지됐다면 터치하고 [완료]를 터치합니다. 2️⃣ [지금 해결]을 터치합니다. 3️⃣ 최적화됨을 확인하고 [완료]를 터치합니다.

업무효율 200% 향상을 위한 책!

1️⃣ 디바이스 케어 화면 상단의 [점 세 개]를 터치합니다.
2️⃣ 팝업창에서 [자동으로 케어]를 터치합니다. 3️⃣ [자동으로 케어]에서 사용할 옵션을 활성화합니다.

② 카카오톡 저장공간 확보하기

1 ① 카카오톡의 [설정]을 터치하여 팝업창에서 ② [전체 설정]을 터치합니다.
2 설정창에서 [기타]를 터치합니다. **3** 기타창에서 [저장공간 관리]를 터치합니다.

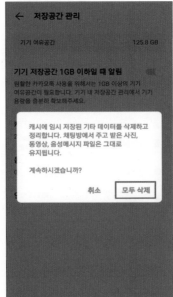

1 저장공간 관리에서 [캐시 데이터 삭제], [음악 캐시 데이터 삭제], [인앱브라우저 웹뷰 쿠키 삭제]를 터치하여 삭제합니다. **2** 팝업창에서 [모두 삭제]를 터치합니다.
3 삭제된 [캐시 데이터 삭제]를 확인합니다.

③ 마이크로 SD카드 사용하기(SD카드 사용방법은 뒤에 설명합니다.)

① 홈 화면의 [앱스] 아이콘을 터치합니다. ② ① 상단 검색창에서 [내 파일]을 검색하여 ② 터치합니다. ③ 내 파일에서 [내장 메모리]를 터치합니다.

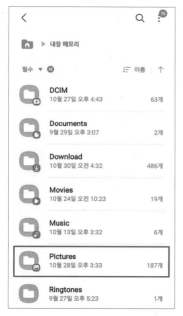 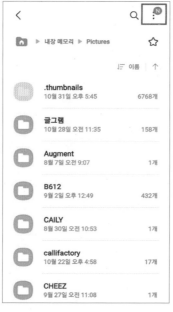 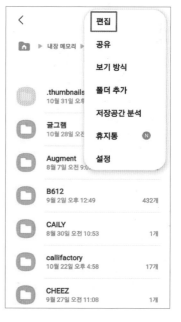

① 내장 메모리에서 SD카드로 옮길 파일을 선택합니다. ② 화면 상단의 [점 세 개]를 터치합니다. ③ 팝업창에서 [편집]을 터치합니다.

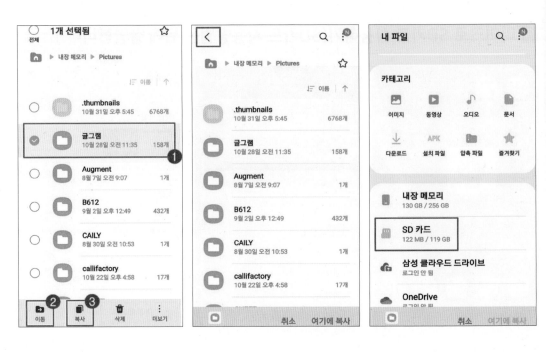

1 ① SD카드로 [옮길 파일]을 선택하고 ② [이동]이나 ③ [복사] 중 하나를 선택합니다. 2 화면 상단의 [뒤로 가기] 버튼을 터치하여 내 파일의 메인 화면으로 이동합니다. 3 [SD 카드]를 터치합니다.

1 SD카드의 화면 상단의 [점 세 개]를 터치합니다. 2 팝업창에서 [폴더 추가]를 터치합니다. 3 ① 폴더 이름 [글그램]을 작성하고 ② [추가]를 터치합니다.

 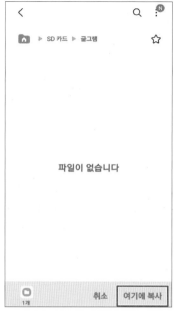 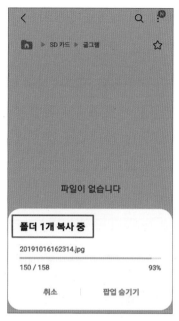

1️⃣ 추가한 폴더 [글그램]을 터치합니다.
2️⃣ 화면 하단의 [여기에 복사]를 터치합니다.
3️⃣ 폴더가 복사됩니다.

▶ SD카드에 폴더를 추가하고 내장 메모리에서 자료를
복사하거나 이동합니다.

◆ [마이크로 SD카드]란?

  스마트폰에서 저장 공간 확보를 위해 [마이크로 SD카드] 사용을 하게 되는데 스마트폰에 [마이크로 SD카드]를 삽입하게 되면 아래와 같이 [카메라 설정]에서 저장 위치를 변경할 수 있고 [내 파일]에서도 [내장 메모리]에 있는 파일들을 [SD카드]로 이동해서 저장공간 관리를 할 수 있습니다.

스마트한 약무원이 스마트한 대한민국을 만들어 간다!

◆ 마이크로 SD가 뭐지?

  플래시 메모리 기반의 저장장치인 SD카드는 'Secure Digital'의 머리글자를 딴 용어로 샌디스크와 도시바, 파나소닉이 휴대용 장치에 사용할 소형 메모리 카드 포맷으로 공동 개발했습니다. 디지털카메라가 대중화되기 시작하던 시기에는 CF(Compact Flash)와 SMC(Smart Media card), MS(Memory Stick), MMC(Multimedia card) 등 다양한 메모리 카드가 시장에 난립해 있었습니다. 그중에서 두께가 0.8mm에도 미치지 않을 정도로 가장 얇은 SMC는 얇다는 장점이 약한 내구성과 용량 확장의 한계라는 단점으로 작용하면서 사라졌고, 메모리 스틱은 소니가 독자 개발해 이를 채택하는 회사 역시 소니 이외에는 거의 찾아보기 힘듭니다. CF는 대용량 개발이 용이하고 속도가 빠르다는 장점으로 D-SLR 카메라 등에서 많이 사용되었지만, 규격 자체가 크고 두꺼워서 휴대전화와 같은 소형 기기에는 채택하기가 어렵습니다.

▶ 다양한 종류의 플래시 메모리 카드

멀티미디어 카드는 크기가 CF의 절반가량으로 작으면서 내구성도 갖추어서 소형 기기
에 채택하기 용이합니다. 멀티미디어 카드와 동일한 크기에 두께만 좀 더 두꺼운 SD는 서로
호환되지만, 저장용량과 보안 기능 등이 추가되어서 경쟁에서 앞서나가면서 현재 가장
선호하는 메모리 카드의 위치에 오르게 되었습니다. SD카드는 물리적인 규격으로 일반
SD와 미니SD, 그리고 마이크로SD로 나뉘는데, 가장 작은 마이크로SD가 현재 대다수의
스마트폰에서 추가 저장장치로 사용하는 규격입니다.

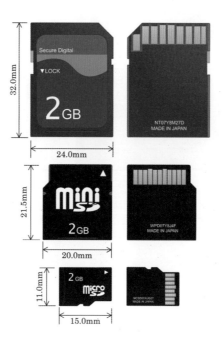

◆ 스마트폰에 마이크로 SD카드 삽입하는 방법

마이크로 SD카드를 쇼핑몰 등에서 구입한 후 스마트폰에 삽입하는 방법에 대해서 알아보겠습니다. (스마트폰의 경우 갤럭시 S10은 SD카드를 삽입할 수 없습니다.)

▶ 스마트폰을 처음 구입할 때 박스에 들어 있는 핀셋을 준비한 후 스마트폰 상단에 홈 부분을 찾아봅니다.

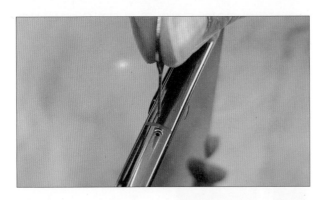

▶ 핀셋을 구멍에 끼워 넣습니다.

▶ 핀셋이 구멍에 들어가면 살짝 눌러줍니다.

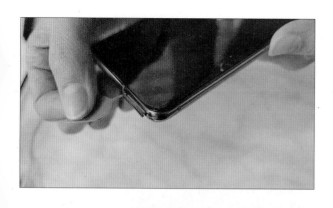

▶ USIM카드와 SD카드를
넣을 수 있는 슬롯이
살짝 위로 올라옵니다.

▶ 손가락으로 슬롯을 잡아
당기면 슬롯을 스마트폰
에서 분리할 수 있습니다.

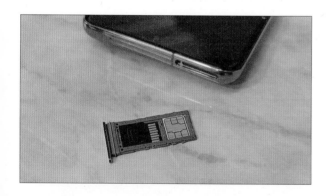

▶ 처음에는 USIM카드만
삽입되어 있고 마이크로
SD카드는 삽입이 되어
있지 않습니다.

▶ 마이크로 SD카드를 구매
해서 삽입하게 되면 최신
스마트폰이 아니더라도
스마트폰 활용을 좀 더
원활하게 사용할 수 있습
니다.

4 스마트폰 저장공간 확보하기 노하우 4가지

▶ 스마트폰 저장공간 확보하기 노하우(카메라 용량 줄이기)

1 스마트폰 카메라 화면 우측 상단 [톱니바퀴] 아이콘을 터치합니다. 2 스마트폰 종류마다 화면이 다르겠지만 보통 [이미지 및 동영상 크기] 메뉴를 터치하면 [이미지 및 동영상 크기]를 선택할 수 있습니다. 삼성 갤럭시 S20 울트라 기준의 경우 [후면 동영상 크기]를 터치합니다. 일반적으로 [해상도]는 [FHD 1920*1080(30fps)]를 선택하면 됩니다.

스마트폰과 유튜브로 인스마트한 대한민국을 만들어 갑니다!

▶ 스마트폰 저장공간 확보하기 노하우(내 파일 통화녹음 삭제하기)

1️⃣ 통화내역을 자동 저장하는 분들이 많이 계신데 수시로 삭제해주면 저장 공간을 확보할 수 있습니다. 스마트폰 앱스 화면에서 [내 파일] 메뉴를 터치합니다. 2️⃣ ①[카테고리]에 있는 메뉴들을 터치해서 불필요한 자료들을 삭제할 수 있습니다.②[내장 메모리]를 터치합니다. 3️⃣ 폴더에서 [Call]을 터치합니다.

1️⃣ [Call] 폴더 화면 우측 상단에 [점 3개]를 터치합니다. 2️⃣ [편집] 메뉴를 터치합니다. 3️⃣ 왼쪽 상단에①[전체]를 터치하면 [통화 녹음] 내역 전체가 선택이 됩니다.②[모두 삭제]를 터치하면 통화 녹음 내역이 삭제되고 저장공간이 확보됩니다.

▶ 스마트폰 저장공간 확보하기 노하우(앱 별로 저장공간 캐시 삭제하기)

1️⃣ 스마트폰 [설정]에서 [애플리케이션] 메뉴로 가면 스마트폰에서 설치된 앱들이 보여집니다.
예를들어①[카카오톡] 앱을 선택합니다.
②화면을 위로 드래그해서 [저장공간] 메뉴를 터치합니다.
하단에 [캐시 삭제]를 누르면 그 만큼의 저장공간이 확보됩니다.

▶ 스마트폰 저장공간 확보하기 노하우(카카오톡 채팅방 미디어 파일 삭제하기)

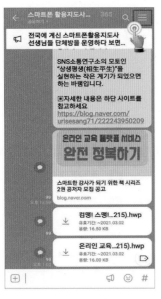

1️⃣ 자주 사용하는 카카오톡 채팅방으로 들어갑니다. 왼쪽 상단 [삼선 아이콘]을 터치합니다. 2️⃣ 우측 하단에 [톱니바퀴 아이콘]을 터치합니다. 3️⃣ [채팅방 용량 관리] 메뉴에서 [전체 파일 모두 삭제]를 터치하면 해당 표시되어 있는 용량 만큼 저장공간이 확보가 됩니다. 한가지 유의할 점은 용량 확보는 되지만 위에 [대화 내용 내보내기] 메뉴에서 전체 파일을 내보내기 하는 경우 [텍스트]는 내보내기가 되지만 [이미지 및 동영상]은 내보내기 할 수가 없습니다.

⑤ 스마트폰 배터리 절약하기 노하우 15가지

▶ 스마트폰 배터리 절약하기 노하우(홈 화면 배경색을 검정으로 하기)

1️⃣ 스마트폰 카메라를 실행한 후 플래쉬를 끄고 카메라 렌즈를 허벅지에 대거나 바닥에 대고 촬영을 하면 검정 사진이 촬영됩니다. 카메라 화면 왼쪽 하단에 원형 블랙 이미지를 터치합니다. 2️⃣ 갤러리에 검정 이미지가 보여집니다. ①우측 하단에 [점3개] 아이콘을 터치합니다. ②[배경 화면으로 설정]을 터치합니다. 3️⃣ [홈 화면]을 터치합니다.

1️⃣ 스마트폰 홈 화면 하단에 [홈 화면에 설정]을 터치하면 스마트폰 홈 화면이 검정으로 바뀌게 됩니다.
홈 화면 배경이 검정으로 바뀌게 되면 일반 컬러풀한 배경 화면보다 12~13%정도 배터리를 절약할 수 있습니다.

▶ 스마트폰 배터리 절약하기 노하우(배경화면 어둡게 하기)

1️⃣ 스마트폰 배경화면을 검정색으로 하면 배터리 소모를 줄일 수 있습니다. 스마트폰①[설정]에서 ②[디스플레이]를 터치합니다. [다크 모드 설정] 화면이 나오면 [다크]로 설정하면 배터리 소모를 줄일 수 있습니다.

▶ 스마트폰 배터리 절약하기 노하우(진동보다는 소리로 하기)

1️⃣ 스마트폰 소리를 진동보다는 소리로 해 놓는 경우 배터리 소모를 줄일 수 있습니다. 알림바를 내린 후 [소리 나 진동] 글자를 터치하면 [소리] 메뉴 화면이 나옵니다. ①진동으로 되어 있다면 [소리]로 변경합니다. ②[상세설정] 메뉴를 터치하면 소리 및 진동 패턴을 종류별로 자세하게 변경할 수 있습니다.

▶ 스마트폰 배터리 절약하기 노하우(불필요한 기능 최소화 하기)

1 불필요한 기능을 최소화하면 배터리 소모를 줄일 수 있습니다. 화면을 가로/세로 자동으로 회전하는 기능, 음성인식 기능, 어플리케이션 푸시 알림 기능 등은 편리할 수도 있지만, 배터리를 많이 사용하게 하는 원인이기도 합니다. 꼭 필요한 경우를 제외하고는 활용하지 않는 것이 좋습니다.

휴대전화 상단의 와이파이/GPS/블루트스/NFC 기능도 마찬가지 입니다. 꼭 필요한 경우에만 눌러주시고 사용 후에 종료하는 것이 좋습니다.

스마트폰 [설정]에서 [알림] 메뉴 화면으로 가면①[포함 앱] 메뉴를 터치하면 [알림]을 받는 모든 앱이 보여지는데 원치 않는 앱이 있으면 [알림]을 비활성화 하면 됩니다. [소리]로 변경합니다. ②[상세설정] 메뉴를 터치하면 소리 및 진동 패턴을 종류별로 자세하게 변경할 수 있습니다.

업무효율 200% 향상을 위한 책!

▶ 스마트폰 환경 설정을 통해서 배터리 절약하기 노하우(모션 및 제스쳐 기능 활용하기)

1 ① 스마트폰 [설정] 메뉴중②[유용한 기능]을 터치합니다. **2** [유용한 기능] 화면에서 [모션 및 제스쳐]를 터치합니다. [모션 및 제스쳐] 화면에서 [들어서 화면 켜기] 기능을 꺼두면 스마트폰을 들어 올릴 때 계속 감지하던 센서가 차단되므로 배터리를 아끼는데 효과적입니다.

▶ 스마트폰 환경 설정을 통해서 배터리 절약하기 노하우(스마트 알림 끄기)

1️⃣ 스마트폰 [설정]에서
[개인 정보 보호] 메뉴를
터치합니다.
[개인 정보 보호] 화면에 보이는
[진단 데이터 보내기] 및
[마케팅 정보 수신] 기능을
비활성화하면
배터리 절약하는데 도움이
됩니다.

▶ 스마트폰 환경 설정을 통해서 배터리 절약하기 노하우(위치를 항상 사용하지 않는 어플은 "사용 중에만 허용 또는 끄기")

1️⃣ 스마트폰 [설정]에서 [위치] 메뉴를 터치합니다. 2️⃣ [위치] 메뉴 화면에서
①[앱 권한]을 터치하면 위치를 요청하는 모든 앱 들을 볼 수 있습니다. 그럼 위치 사용이 필요없는
앱을 찾아 권한 설정을 변경해주면 되는데 여기서는 [최근 위치 요청]한 앱에 대해서 권한 설정을
변경해 보겠습니다.②[모두 보기]를 터치합니다. [네이버 캘린더]를 터치합니다.

1 [권한] 메뉴를 터치합니다.
이 앱의 위치 엑세스 권한을
[앱 사용 중에만 허용] 체크를
하면 됩니다.

다른 앱들도 이처럼 위치 권한을
변경해주면 배터리를 절약하는데
도움이 됩니다.

▶ 배터리 절약하기 노하우 - MMS(멀티 미디어 메시지) 문자 차단

MMS 문자는 장문의 문자라 받을 때 데이터를 통해 수신됩니다. 광고, 스팸문자, 재난문자 등 각종
불필요한 문자들도 많이 오는데 원하는 문자들만 열어서 본다면 여러모로 유용할 것입니다.

1 메시지 화면에서 우측 상단 [점 3개] 아이콘을 터치합니다. **2** [설정]을 터치합니다.
3 [추가 설정]을 터치합니다.

1 [추가 설정] 화면에서
[멀티미디어 메시지(MMS)]를
터치합니다.

[멀티미디어 메시지(MMS)]
화면에서 [내용 바로 보기]를
비활성화하면 배터리 절약하는데
도움이 됩니다.

▶ 배터리 절약하기 노하우 – 사용하지 않는 어플은 확실히 종료하기

재미있는 콘텐츠를 즐기고, 단순히 뒤로 가기만 누르면 종료없이 백그라운드에 기록이 남게 됩니다.
이러한 것들이 쌓이게 되면 배터리 소모로 이어집니다. 사용하지 않는 어플리케이션은 확실히 종료
하는게 좋습니다.

1 스마트폰 네비게이션바 왼쪽
①[이전 실행창 보기] 아이콘을 터치하면 내가 사용했던 앱들이
보이는데②[모두 닫기]를 터치해서 종료하면 배터리를 절약하는데
도움이 됩니다.

▶ 배터리 절약하기 노하우 – 충전 중에는 스마트폰 사용하지 않기

스마트폰은 열에 취약합니다. 충전 중 스마트폰을 사용할 경우 리튬 이온 배터리는 열을 계속 발생 시켜 배터리의 수명을 줄이게 됩니다.

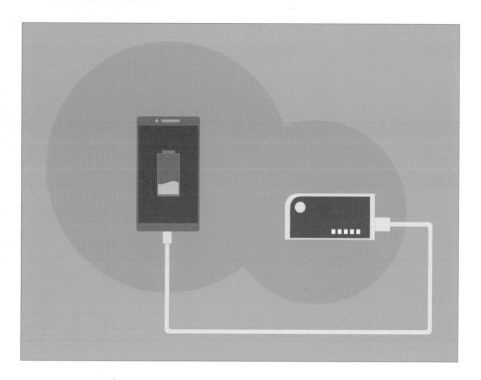

▶ 배터리 절약하기 노하우 – 100% 충전 시 스마트폰 코드 빼두기

스마트폰의 배터리는 대부분 리튬이온이 사용되는데, 과충전할 경우 배터리를 손상할 우려가 있습니다. 충전은 70%~80% 상태가 가장 적절합니다.

▶ 배터리 절약하기 노하우 – 알림 시 엣지 라이팅 끄기

설정-> 알림->Edge lighting 끄기

▶ 배터리 절약하기 노하우 – 디스플레이 터치로 잠깐 켜기

설정-> 디스플레이-> Always On Display -> 터치로 잠깐 켜기

디스플레이를 통해 많은 정보들을 확인할 수는 있지만 약 1% 정도로 배터리를 소모하는 부분이 있습니다. 항상 켜져 있는 디스플레이를 필요할 때만 켜서 보기 하면 배터리를 절약하는데 조금이나마 도움이 됩니다.

▶ 배터리 절약하기 노하우 – 배터리 관리 해주는 앱 사용하기

배터리 시간 모니터링, 절전모드, 배터리 충전 시간 단축기능 등으로 배터리 수명을 50% 연장할 수 있으며 과소비하는 앱을 찾아 배터리 사용량을 줄일 수 있습니다.

▶ 배터리 절약하기 노하우 – 한번씩 전원 종료하기 및 업데이트 하기

스마트폰도 하나의 작은 컴퓨터나 마찬가지입니다. 보통 그때그때 충전하다 보니 스마트폰을 완전히 종료할 일이 거의 없는데, 한번씩 스마트폰 전원을 종료하여 휴식을 주면 배터리 절약하는데 도움이 됩니다.

정기적으로 뜨는 스프트웨어 업데이트도 바로 바로 해주면 좋습니다. 최적의 환경에서 스마트폰이 안정적으로 작동될 수 있는 환경을 제공하므로 배터리 절약과 스마트폰 환경 최적화에 도움이 됩니다.

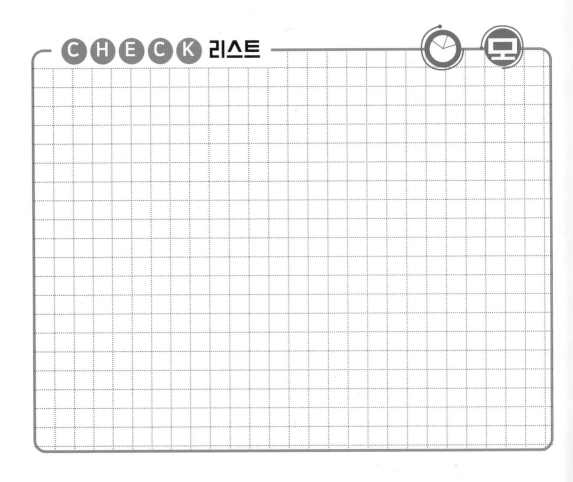

3 카카오톡 기본 활용하기
1 카카오톡 샵(#) 기능 활용하기

카톡 샵(#) 검색은 채팅방에서 대화를 바로 검색을 할 수 있는 서비스입니다. 카톡을 벗어나지 않아도 검색과 자료 공유가 가능하다는 장점이 있습니다.

예를 들면 카톡에서 대화하다가 검색하려고 네이버 갔다가 주소 복사해서 다시 카톡으로 왔다가 또 대화하다가 검색을 반복하는 경우가 많은데 이런 과정이 필요 없는 기능입니다.

[카카오톡의 샵(#)] 기능을 활용하면 채팅 도중 모르는 부분은 바로 검색해볼 수 있고 검색한 내용을 바로 공유도 할 수 있어 매우 유용한 기능이라고 할 수 있습니다.

[카카오톡의 샵(#)] 사용 방법은 간단합니다. 채팅창 오른쪽에 있는 # 아이콘을 누르고 단어를 검색하면 됩니다. 만약 상대방에게 검색을 권유하고 싶다면 '# + 검색어'로 메시지를 보낼 수 있습니다.

예시) [#날씨], [#운세], [#계산기], [#사다리타기], [#개봉 영화], [#종로구청 전화번호], [# 자신이 찾고 싶은 키워드 입력]

약속장소 위치를 전달할 때도 샵검색으로 간단히 보낼 수 있습니다. 특히 '#내위치'를 검색하면 현재 위치가 표시되는데 정확도가 상당히 높습니다. 누군가 내가 있는 위치로 초대를 하고 싶다면 카카오내비를 설치하면 차량 및 도보 경로도 확인할 수 있습니다.

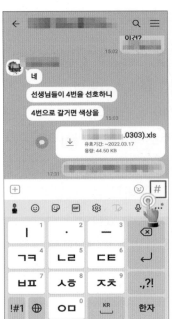

1️⃣ 카카오톡 채팅방 문자 입력창 오른쪽에 [#]을 터치합니다. 2️⃣ ① 궁금하거나 알고
싶은 키워드(운세)를 입력한 후 ② 검색 아이콘을 터치합니다. 3️⃣ ① [운세]를 터치하면
띠별, 별자리, 생년월일별로 운세를 볼 수 있습니다. ② 알고 싶은 띠를 터치하면 연도별로
결과가 나오고 상대방에게 공유하고 싶다면 ③ 말풍선 아이콘을 터치하면 됩니다.

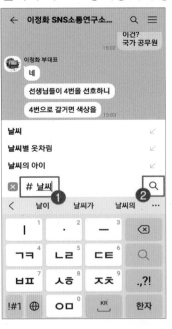

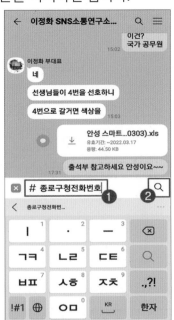

1️⃣ 오늘의 날씨가 궁금하다면 ① [#날씨]라고 입력 후 ② 검색 아이콘을 터치하면
2️⃣ 날씨를 알 수 있습니다. 앞에서 언급한 대로 [#(내가 궁금한 키워드)]를 입력하면 원하
는 결과를 바로 알 수 있는데 3️⃣ ① [#종로구청전화번호]를 바로 알고 싶다면 입력한 후
② 돋보기 아이콘을 터치합니다.

1️⃣ 종로구청 전화번호 화면이 보이는데 전화기 아이콘을 터치하면 바로 전화를 걸 수 있습니다. 2️⃣ ① [IOT]가 궁금하다면 입력한 후 ② 검색 아이콘을 터치하면
3️⃣ ③ 결과화면이 보이는데 ① [백과사전]을 터치한 후 ② 원하는 키워드를 터치해서 자신이 원하는 결과를 바로 알아볼 수 있습니다.

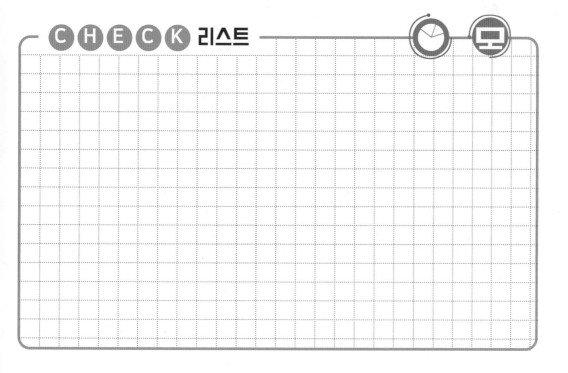

② 책갈피 설정하기

  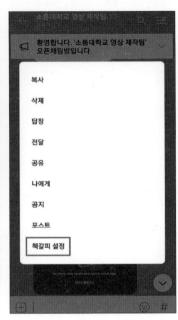

① 카카오톡 채팅방에서 고정하고 싶은 내용이 있다면 ② 지그시 터치합니다. ③ 팝업창에서 [책갈피 설정]을 터치합니다.

 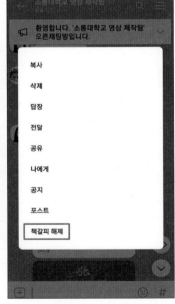

① 채팅방에서 오른쪽의 ② [책갈피]를 터치하면 설정한 ① [페이지]로 돌아갑니다.

② 책갈피 설정한 곳을 지그시 터치하면 [책갈피 해제]를 할 수 있습니다.

▶ 하나의 채팅방에 한 곳만 책갈피 설정이 가능합니다.

3 대화 내용 내보내기

  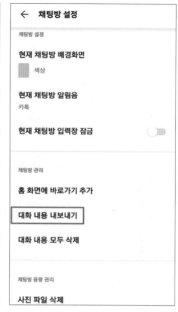

업무효율 200% 향상을 위한 책!

1 대화 내용 내보내기 할 채팅창 상단의 [삼선]을 터치합니다. 2 팝업창 하단의
[설정] 아이콘을 터치합니다. 3 채팅창 설정에서 [대화 내용 내보내기]를 터치합니다.

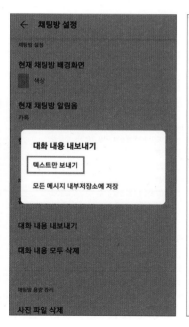  

1 팝업창에서 [텍스트만 내보내기]를 터치합니다. 2 연결 프로그램으로 [네이버
메일]을 선택합니다. 3 ① [내게 쓰기]를 터치한 후 ② [메일 보내기]를 터치합니다.

1 네이버 메일에서 [내게 쓴 메일함]을 터치하여 확인합니다. **2** 내게 쓴 메일함에서 [받은 메일]을 확인합니다. **3** 메일에서 [첨부파일]을 확인합니다.

1 ① [다운로드]하거나 ② [내용]을 지그시 터치합니다. **2** ① [연결 프로그램]을 선택 후 ② [한 번만]을 터치합니다. **3** 문서를 확인합니다.

④ 카카오톡 [톡서랍 플러스] 서비스 활용하기

 카카오톡을 사용하다 보면 스마트폰을 바꾸거나 분실하는 경우에 대화 내용이나 사진, 링크, 동영상 등을 백업을 해놓지 않아 낭패를 보는 경우가 있습니다.
 카카오톡에서 주고받은 대화 내용이나 콘텐츠들을 백업받기 위해서는 [톡서랍 플러스] 사용이 필수입니다.

▶ [톡서랍 플러스] 장점

1. [톡서랍 플러스]로 간편하게 데이터를 관리할 수 있습니다.

 카카오톡으로 주고받은 대화와 사진, 동영상, 파일, 메모 그리고 내 연락처까지 관리하고 백업받을 수 있습니다.

2. 톡서랍의 모든 데이터는 안전하게 보관됩니다.

 톡서랍은 암호화를 통해 데이터를 안전하게 보관합니다. 톡서랍에 보관 중인 데이터는 오직 나만 확인할 수 있습니다.

3. 다양한 기기에서 손쉽게 톡서랍으로 관리할 수 있습니다.

 톡서랍에 보관 중인 데이터는 스마트폰, 태블릿, PC 등 어디에서나 확인하고 관리할 수 있습니다.

4. 멤버들과 함께 우리만의 팀채팅을 시작할 수 있습니다.

 팀채팅방에서 주고받은 대화와 미디어는 실시간 보관되고, 나중에 참여한 멤버도 함께 볼 수 있습니다.

▶ [톡서랍 플러스] 가격(월 단위)
(첫 달은 무료이므로 사용해보고 계속 사용할지 결정하셔도 됩니다.)

▶ 100GB = 990원
▶ 250GB = 3,900원
▶ 500GB = 6,900원
▶ 1TB = 8,900원

1 ① 카카오톡 친구 화면에서 ② 본인의 이름을 터치합니다. **2** 프로필 설정창 하단의
[나와의 채팅]을 터치합니다. **3** 나와의 채팅창 상단의 [톡서랍] 을 터치합니다.

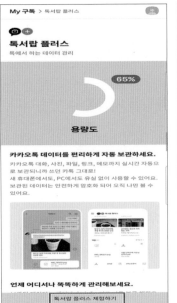
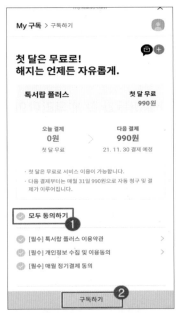

1 [톡서랍 플러스 자세히 알아보기]를 터치합니다. **2** 화면 하단의 [톡서랍 플러스
체험하기]를 터치합니다. **3** ① [모두 동의하기]를 터치한 후 하단의 ② [구독하기]를
터치합니다.

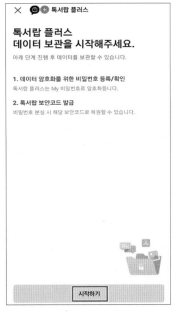

1️⃣, 2️⃣ 결제하기 창에서 카카오페이를 선택한 후 ① [모두 동의하기]를 터치하고 하단의 ② [결제하기]를 터치합니다. 3️⃣ 카카오페이 결제수단 등록을 위해 [다음] 버튼을 터치합니다.

1️⃣ '주문중이던 앱/웹 브라우저로 이동하면 등록이 완료됩니다'에서 [확인]을 터치합니다. 2️⃣ 톡서랍 플러스 정기 구독 [지금 보러 가기]를 터치합니다.
3️⃣ 톡서랍 플러스 데이터 보관을 [시작하기]를 터치합니다.

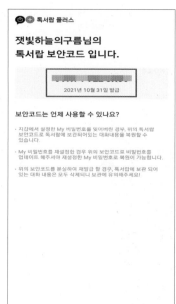

1 ① 상단의 [보안코드]를 저장할 장소를 선택 후 화면 하단의 ② [다음]을 터치합니다.
2 [보안 코드]의 용도를 확인합니다. **3** 화면 하단의 [가입 이전 데이터 보관하기]를 터치합니다.

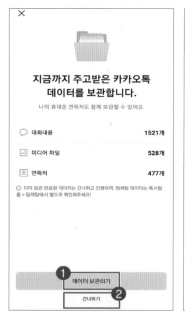

1 이전 데이터를 ① [데이터 보관하기]하거나 ② [건너뛰기]를 선택합니다.
2 대화 내용이 보관 완료된 것을 확인하고 **3** [홈으로 이동]을 터치합니다.

1️⃣ [톡서랍 플러스 구독 중]을 확인합니다. 2️⃣ [메모]를 선택한 후 3️⃣ ① 두 개의 문서를 터치하여 ② 하단의 [+]를 터치하여 결합합니다.

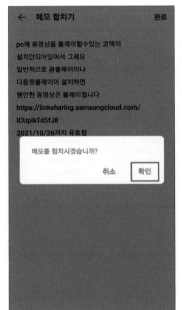

1️⃣ 메모 합치기를 [확인]합니다. 2️⃣ 합쳐진 메모를 확인합니다. 3️⃣ 메모 상단의 [폴더]를 터치하여 같은 종류의 메모들을 보관합니다.

1️⃣ #폴더를 만들기 위해 상단의 [+]버튼을 터치합니다.

2️⃣ ① 새 폴더 [서일동네배움터]을 작성한 후 ② [확인]을 터치합니다. 3️⃣ ① 여러 개의 메모를 선택한 후 ② [확인]을 터치합니다.

1️⃣ 생성된 폴더 [서일동내배움터]를 터치합니다. 2️⃣ ① [서일동내배움터] 폴더에서 화면 ② 상단의 [점 세 개]를 터치합니다. 3️⃣ ① [폴더 이름 수정], ② [폴더 삭제]를 할 수 있습니다.

1 폴더를 삭제해도 메모는 계속 보관됩니다. 2 [사진, 동영상]을 터치하여 폴더를 만듭니다. 3 [폴더]를 터치합니다.

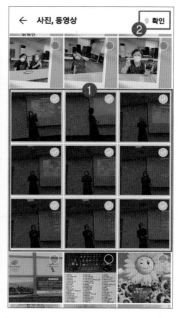

1 ① [폴더]를 만들기 위해 ② [+]를 터치합니다.

2 새 폴더 ① [강의사진]을 작성하고 ② [확인]을 터치합니다.

3 ① 폴더에 저장할 사진을 선택한 후 ② 화면 상단의 [확인]을 터치합니다.

1️⃣ [강의사진] 폴더를 확인합니다. 2️⃣ 톡서랍에서 패스워드를 보관할 수 있습니다.
3️⃣ 보안을 위해 6자리의 비밀번호를 등록합니다. 패스워드를 터치한 후 비밀번호를 작성합니다.

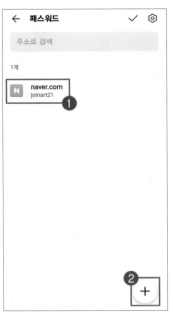
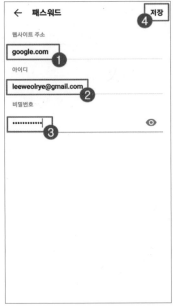
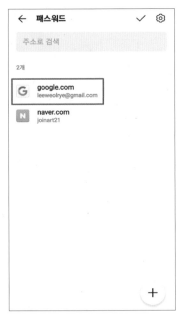

1️⃣ ① 패스워드에 보관된 웹사이트를 확인하고 ② [+]를 터치하여
2️⃣ 다른 ① [웹사이트주소], ② [아이디], ③ [비밀번호]를 작성하고 상단의 ④ [저장]
을 터치합니다. 3️⃣ 다른 웹사이트도 추가된 것을 확인할 수 있습니다.

▶ ① 톡서랍에 보관된 패스워드는 선택한 후 ② 삭제도 가능합니다.

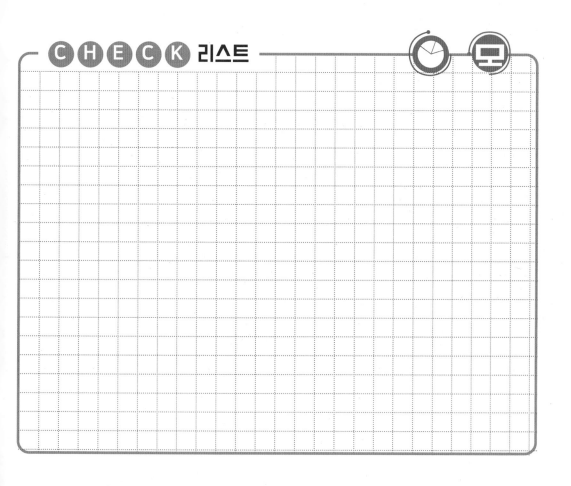

CHECK 리스트

4 카카오톡 업데이트 기능
1 일정 등록

카카오톡이 업데이트되면서 일정 등록과 할 일 등록 등을 쉽게 하고 그날그날 톡비서 죠르디 브리핑 보드로 소식을 받아 볼 수 있습니다. 1 스마트폰 화면에서 [카카오톡] 터치합니다. 2 ① [채팅] 터치하고 소통할 ② [채팅방]을 터치합니다. 3 채팅방 아래 텍스트창 우측에 [#검색]을 터치합니다.

1 [일정 등록]을 터치하여 선택 후 2 [일정 제목 입력]을 터치하여
3 ① [제목] 입력합니다. ② [시작 년. 월. 일] 터치합니다.

 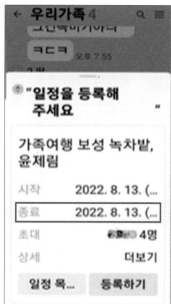 

1 ① [시작 날짜] 터치하고 ② [시간] 선택하고 ③ [확인] 터치합니다. **2** [종료 년. 월. 일] 터치합니다. **3** ① [종료 날짜] 터치하고 ② [시간] 선택하고 ③ [확인] 터치 합니다.

  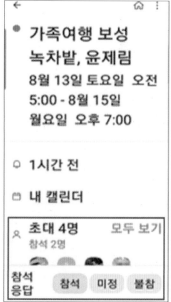

1 [등록하기]를 터치하면 그룹 채팅방에 공유된 화면을 확인할 수 있습니다. **2** [일정 보기]를 터치하여 **3** 그룹 멤버 참석 여부도 바로 확인할 수 있습니다. 일정 등록을 통해 소통을 더 스마트하게 할 수 있습니다.

2 할 일 등록

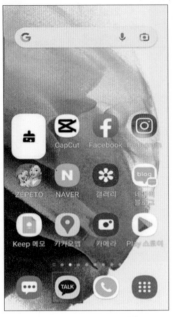  

이번에는 할 일 등록을 해보겠습니다. 1 스마트폰 화면에서 [카카오톡] 터치합니다.
2 ① [친구]에서 ② [나]를 터치하고 3 [나와의 채팅]을 터치합니다.

1 채팅방 아래 텍스트창 우측에 [#검색]을 터치 후 2 [할 일 등록] 터치하고
3 [할 일 입력] 터치합니다.

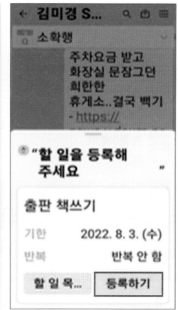

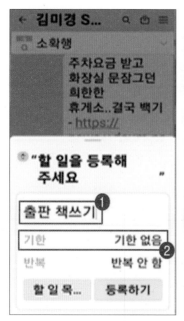 ① [할 일 제목] 입력하고 ② [기한 없음] 터치합니다.  ① 기한 [날짜] 터치하고 ② [확인] 터치합니다. [등록하기]를 터치하여 진행합니다.

 일정을 등록한 날짜에 나와의 채팅방에 톡비서 죠르디 브리핑 보드가 도착합니다.
[일정]을 터치하여  일정 목록을 확인할 수 있습니다.  ① [할 일]을 터치하여 업무를 확인한 후 ② [완료된 업무]를 체크합니다. 완료한 일로 체크가 카운트됩니다.

❸ 메시지 예약

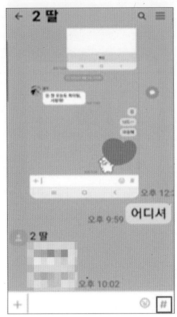

이제는 상대방이 불편할 수 있는 시간에 메시지를 보내지 않고 예약하여 보낼 수 있어 서로 간의 에티켓을 지킬 수 있습니다. **❶** 카카오톡 첫 화면 하단에 ① [채팅]을 터치 후 ② 메시지 보낼 [채팅방]을 선택합니다. **❷** 채팅방 아래 텍스트창 우측에 [#검색] 터치 합니다.

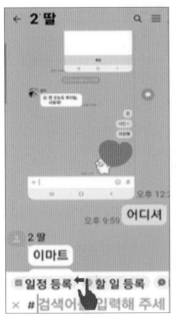

❶ [메뉴 바]를 좌, 우로 이동하여 **❷** [메시지 예약]을 터치합니다. **❸** [메시지 입력] 을 터치하여 진행합니다.

 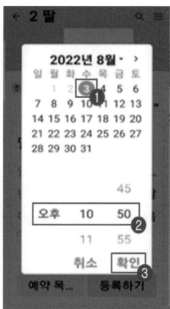 

1️⃣ ① [예약 메시지 내용]을 입력 후 ② [일시 년. 월. 일] 터치하고 2️⃣ ① [날짜]와
② [시간]을 설정하고 ③ [확인] 터치합니다. 3️⃣ [등록하기] 터치합니다.

 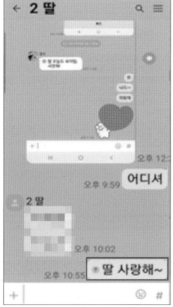

1️⃣, 2️⃣ 예약된 날짜와 시간에 [예약 메시지]가 발송된 것을 확인할 수 있습니다.

※ 카카오톡 채팅창 #검색에서 일정 등록, 할 일 등록, 메시지 예약, 브리핑 보드로 일상,
비즈니스를 더 스마트하게 누려보세요!

6강 이미지 합성 앱 활용하기

1 포토퍼니아

QR코드를 스캔하시면
강의를 볼 수 있습니다.

1 ① [Play스토어]에서 [포토퍼니아]를 검색합니다. ② [설치] 후 열기를 터치합니다. 2 앱 평가 화면에 [나중에]를 터치합니다. 3 포토퍼니아 앱의 첫 화면입니다. 왼쪽 상단에 위치한 가이드 메뉴 중 [카테고리]를 터치합니다.

 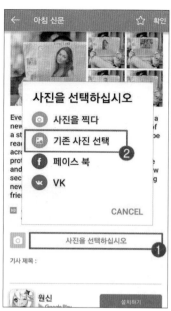

1 카테고리 화면을 위로 드래그하여 [잡지]를 선택합니다. 2 다양한 잡지 템플릿 중 [아침 신문]을 터치합니다. 3 ① 하단에 [사진을 선택하십시오]를 터치합니다. ② 사진을 불러올 수 있는 팝업창에서 [기존 사진 선택]을 터치합니다.

  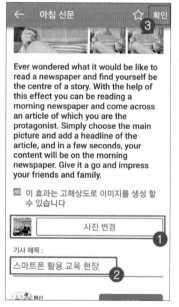

1 ① 사용자 갤러리에 최근 사진 순으로 보이며 더 많은 사진을 보려면 ② [갤러리]를 터치하여 선택할 수 있습니다. 2 사진을 선택 후 [확인]을 터치합니다. 3 ① 선택한 사진이 맞는지 확인 및 사진을 변경할 수 있습니다. ② 사진에 제목도 삽입할 수 있습니다. ③ [확인]을 터치하여 진행합니다.

1 이미지 합성이 진행 중인 화면입니다. **2** 사진 합성이 완료된 화면입니다.
① 저장할 이미지의 사이즈를 선택할 수 있습니다. ② 사용자 갤러리에 저장할 수 있습니다. ③ 완성된 사진을 다른 사이트로 공유할 수 있습니다. **3** 이번에는 원하는 템플릿을 [검색 아이콘]을 터치하여 찾아보겠습니다.

1 ① 검색창에 [날씨]를 검색합니다. ② 날씨에 관련된 템플릿 중 원하는 템플릿을 터치합니다. **2** ① 합성에 필요한 사진을 직접 촬영하거나 사용자 갤러리에서 사진을 불러올 수 있습니다. ② 비 내리기 효과와 눈 내리기 효과 중 선택합니다. ③ [확인]을 터치하여 진행합니다. **3** ★를 터치하여 맘에 드는 효과를 즐겨찾기에 등록할 수 있습니다.

2 포토랩

QR코드를 스캔하시면
강의를 볼 수 있습니다.

1 ① [Play스토어]에서 [포토랩]를 검색합니다. ② 설치 후 [열기]를 터치합니다.
2 포토랩은 유료 기능을 포함하고 있다는 광고 화면입니다. [X]를 터치하여 광고를
닫습니다. 3 ① 피드 화면에서 인기, 트렌드, 최근 카테고리별로 템플릿을 찾아볼 수
있습니다. ② 태그 키워드로 템플릿을 찾을 수 있습니다. [cartoon]을 터치합니다.

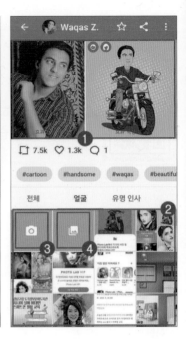

1️⃣ #cartoon으로 분류된 화면입니다. 원하는 템플릿을 선택합니다. 2️⃣ [허용]을 터치합니다. 3️⃣ ① 효과 적용 [전과 후]의 화면을 미리 확인할 수 있습니다. ② 최근 사진에서 선택할 수 있으며 ③ 직접 촬영하여 사용 가능하며 ④ 사용자 전체 앨범에서 이미지를 선택할 수도 있습니다.

1️⃣ ① 선택한 이미지의 [방향 전환 및 크기 조절]이 가능합니다. ② [화살표] 아이콘을 터치하여 진행합니다. 2️⃣ 2단계 중 1단계 효과 중에서 가장 마음에 드는 결과를 선택합니다. 3️⃣ 처리 중 화면입니다.

1 2단계 완성 화면입니다. ① 남성 스타일 여성 스타일을 정하고 템플릿을 왼쪽으로 드래그하여 원하는 스타일을 바꿀 수 있습니다. ② [V]를 터치하여 진행합니다.
2 완성된 이미지에 ① [T]를 터치하여 텍스트를 입력할 수 있습니다. ② [공유] 아이콘을 터치합니다. **3** 다른 사이트로 공유할 수 있으며 [다운로드]를 터치하여 저장할 수 있습니다.

1 [검색] 아이콘을 터치합니다. **2** ① 태그 키워드 검색으로 ② 원하는 템플릿을 찾을 수 있습니다. **3** #happybirthday으로 분류된 화면입니다. 원하는 템플릿을 선택합니다.

1 ① 효과 적용 [전과 후]의 화면을 미리 확인할 수 있습니다. ② 이미지를 선택합니다.
2 [→]를 터치하여 진행합니다. **3** 완성된 화면에 [+]를 터치합니다.

1 완성된 이미지에 GIF, 예술과 효과, 텍스트 추가를 할 수 있습니다. [GIF]를 터치합니다. **2** 하단에 GIF 효과 중 하나를 선택합니다. **3** [V]를 터치하여 진행합니다.

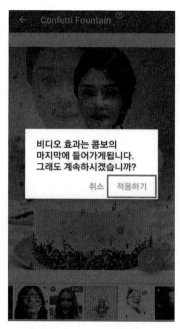  

1️⃣ [적용하기]를 터치합니다. 2️⃣ ① 완성된 이미지에 텍스트를 추가할 수 있습니다.
② [공유] 아이콘을 터치합니다. 3️⃣ 다른 사이트로 공유할 수 있으며 [다운로드]를
터치하여 저장할 수 있습니다.

ⒸⒽⒺⒸⓀ 리스트

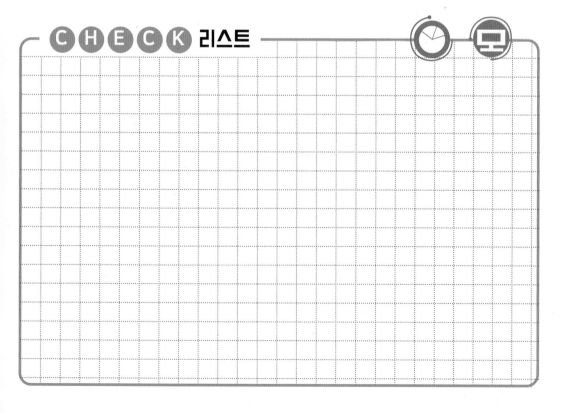

❸ 리페이스

▶ 무료 AI 얼굴합성 앱. 유명인 얼굴을 나의 얼굴과 바꾸십시오. 재미있는 비디오 및 GIF 를 만들어보세요! 리페이스는 웃긴 사진과 동영상을 만들 수 있는 인기있는 얼굴 바꾸기 앱입니다. 2020년 Google Play 올해를 빛낸 인기 앱으로 선정되었습니다.

QR코드를 스캔하시면
강의를 볼 수 있습니다.

❹ 모멘트캠

▶ 순식간에 만화 주인공으로 변신! 이모티콘에 내 캐릭터가 있다면? 애니메이션 속으로 점프! 모멘트캠은 당신의 표정과 감정들을 재밌는 만화로 표현할 수 있도록 해줍니다.

QR코드를 스캔하시면
강의를 볼 수 있습니다.

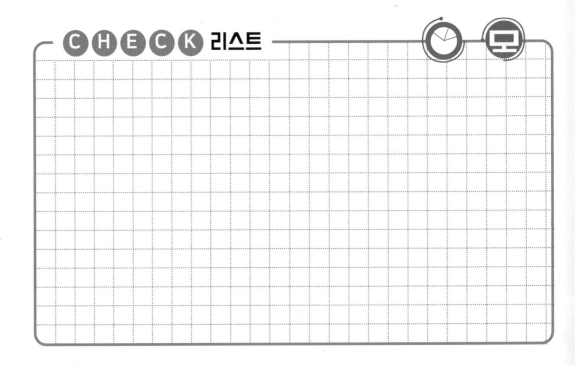

CHECK 리스트

| 7강 | 다이내믹하고 임팩트한 카드뉴스 만들기 |

1 글그램

QR코드를 스캔하시면
글그램, 큐카드 뉴스 강의를 볼 수 있습니다.

1 ① [Play스토어]에서 [글그램]을 검색합니다. ② 설치 후 [열기]를 터치합니다.

2 ① 약관 동의에 [모두 동의]를 체크 후 ② [시작하기]를 터치합니다.

3 ① [오늘의 글그램]에서 다른 사람들의 글을 공유하거나 나의 글을 업로드 할 수

있습니다. ② 글그램에서 제공하는 무료 이미지에 글쓰기, ③ 컬러 배경에 글쓰기,

④ 사용자 갤러리 사진에 글쓰기, ⑤ [내가 만든 글그램]에서 편집하거나 다른 사이트로

공유할 수 있습니다.

1 [아름다운 배경사진에 글쓰기]를 터치하여 카테고리별로 이미지를 선택할 수 있습니다. **2** ① 이미지를 펼쳐보기 할 수 있으며 ② 원하는 이미지를 선택합니다. **3** 선택한 사진의 크기를 원하는 대로 지정할 수 있습니다.

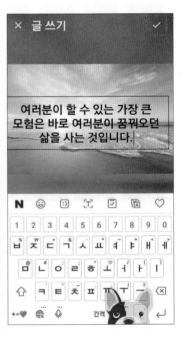

1 ① 사진 사이즈를 조절할 수 있습니다. ② 사진을 자유롭게 자르거나 회전, 확대할 수 있습니다. ③ [V]를 터치하여 다음으로 진행합니다. **2** 이미지에 삽입할 내용을 [터치하여 글자를 입력하세요]를 터치하여 입력합니다. **3** [V]를 터치하여 진행합니다.

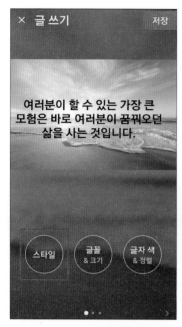
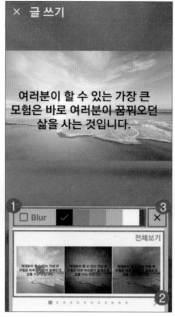

1 [스타일] 메뉴를 터치합니다. **2** ① Blur의 적용 여부와 색상을 선택할 수 있습니다. ② 하단 이미지를 좌측으로 드래그하거나 전체보기를 터치하여 원하는 스타일을 선택할 수 있습니다. ③ 다음 편집을 위해 [X]를 터치합니다. **3** [글꼴 & 크기] 메뉴를 터치합니다.

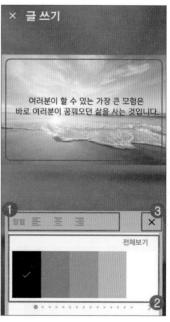

1 ① 글씨 크기를 조절할 수 있습니다. ② 하단 폰트를 좌측으로 드래그하거나 전체보기를 터치하여 원하는 폰트를 다운 및 선택할 수 있습니다. ③ 다음 편집을 위해 [X]를 터치합니다. **2** [글자 색 & 정렬] 메뉴를 터치합니다. **3** ① 글자의 정렬 위치를 정할 수 있습니다. ② 하단 색상표를 좌측으로 드래그하거나 전체보기를 터치하여 원하는 글자색을 선택할 수 있습니다. ③ 다음 편집을 위해 [X]를 터치합니다.

  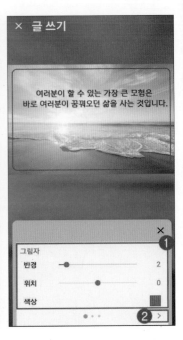

1 다음 편집화면으로 이동하기 위해 메뉴 화면을 왼쪽으로 드래그합니다. 2 [글 효과] 메뉴를 터치합니다. 3 ① 글자의 그림자를 적용할 수 있습니다. ② 다음 효과를 적용하기 위해 화면을 왼쪽으로 드래그하거나 화살표를 터치하여 이동합니다.

 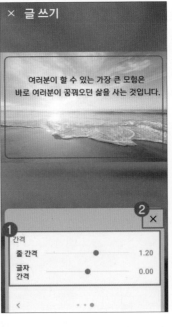 

1 ① 글자의 투명도와 회전을 적용할 수 있습니다. ② 다음 효과를 적용하기 위해 화면을 왼쪽으로 드래그하거나 화살표를 터치하여 이동합니다. 2 ① 글자의 줄 간격과 자간 간격을 조절할 수 있습니다. ② 다음 편집을 위해 [X]를 터치합니다. 3 [서명] 메뉴를 터치합니다.

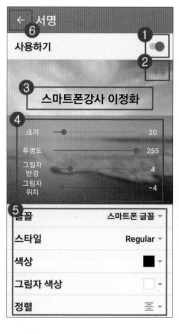

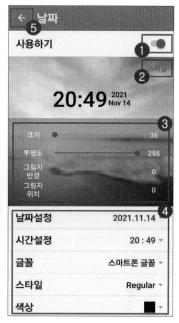

1 ① 서명 사용 여부 선택 가능, ② 서명 글 수정 가능, ③ 서명 글을 입력합니다.
④ 서명 글의 크기, 투명도, 그림자반경 및 위치를 적용할 수 있습니다. ⑤ 서명 글의 모양,
스타일, 색상, 정렬 등을 적용할 수 있습니다. ⑥ [←]를 터치합니다. **2** [날짜] 메뉴를
터치합니다. **3** ① 날짜의 사용 여부 선택 가능 ② 날짜 스타일을 바꿀 수 있습니다.
③ 날짜의 크기, 투명도, 그림자반경 및 위치를 적용할 수 있습니다. ④ 사용자가 원하는
날짜 및 시간설정, 글꼴, 스타일, 색상을 적용할 수 있습니다. ⑤ [←]를 터치합니다.

CHECK 리스트

1️⃣ 다음 편집화면으로 이동하기 위해 메뉴 화면을 왼쪽으로 드래그합니다. 2️⃣ [글 추가] 메뉴를 터치합니다. 3️⃣ [추가] 아이콘을 터치합니다.

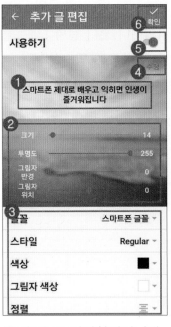  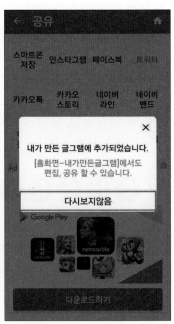

1️⃣ 추가 글 편집화면입니다. ① 추가 글을 입력합니다. ② 추가 글의 크기, 투명도, 그림자 반경 및 위치를 적용할 수 있습니다. ③ 추가 글의 모양, 스타일, 색상, 정렬 등을 적용할 수 있습니다. ④ 추가 글을 수정할 수 있습니다. ⑤ 추가 글의 사용 여부를 선택할 수 있습니다. ⑥ 추가 글 설정 후 [확인]을 터치합니다. 2️⃣ [저장]을 터치하여 완료합니다.

3️⃣ 완성된 글그램은 내가 만든 글그램에 추가되었다고 안내창이 뜹니다. [다시보지않음] 을 터치하여 다음으로 진행합니다.

⬛ 다른·사이트로 공유할 수 있습니다. ① [스마트폰 저장]을 터치하여 사용자 스마트폰
갤러리에 저장합니다. ② [홈] 아이콘을 터치하여 글그램 홈 화면으로 이동합니다.

⬛ [내가 만든 글그램]을 터치합니다.

⬛ ① [삭제하기], ② [편집하기], ③ [공유하기] 등을 할 수 있습니다.

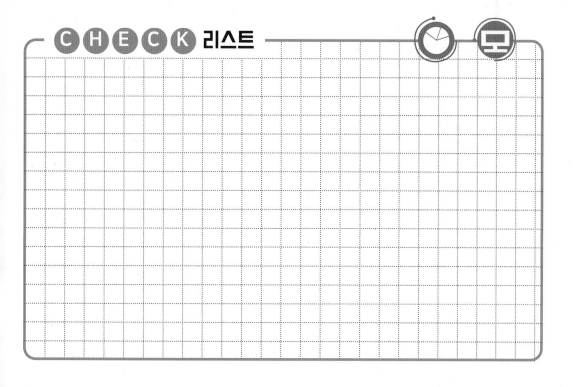

❷ 큐카드 뉴스

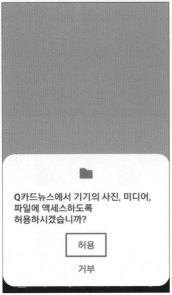

❶ ① [Play스토어]에서 [큐카드뉴스]를 검색합니다. ② 설치 후 [열기]를 터치합니다. ❷ 큐카드뉴스에서 기기의 사진, 미디어, 파일에 액세스하도록 2번 [허용]를 터치합니다. ❸ [만들기]를 터치하여 진행합니다.

❶ [이벤트 템플릿]를 터치하여 하위 카테고리별로 템플릿을 선택할 수 있습니다.
❷ ① [기본 템플릿] 하위 카테고리 중 ② 기본형 템플릿을 터치합니다. ❸ 다양한 템플릿 중 원하는 템플릿을 터치하여 선택합니다.

1 ① 다른 템플릿으로 교체할 수 있습니다. ② [제목]을 터치합니다. 2 ① 제목 내용을 입력합니다. ② 제목 표시 여부, 글꼴 설정, 제목 색상, 폰트 정렬, 폰트 크기, 테두리, 그림자 등을 설정할 수 있습니다. ③ [적용]을 터치합니다. 3 [본문]을 터치하여 진행합니다.

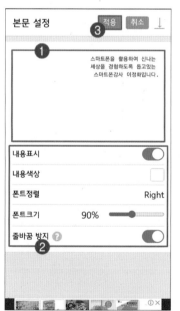

1 ① 본문 내용을 입력합니다. ② 본문 내용 표시 여부, 본문 색상, 폰트 정렬, 폰트 크기, 줄바꿈 방지 등을 설정할 수 있습니다. ③ 다음 [적용]을 터치합니다. 2 [이미지]를 터치합니다. 3 ① 큐카드뉴스에서 지원하는 이미지를 선택할 수 있습니다. ② [적용]을 터치합니다.

1 [박스]를 터치합니다. **2** ① 박스 표시 여부, 박스 색상, 투명도, 라운드 박스 등을 설정할 수 있습니다. ② [적용]을 터치합니다. **3** [레이아웃] 메뉴를 터치합니다.

1 사용자가 원하는 [레이아웃]을 선택할 수 있습니다. **2** 하단 [+]를 터치합니다.
3 같은 디자인의 템플릿이 생성됩니다. [템플릿]을 터치하여 템플릿 디자인을 변경할 수 있습니다.

1️⃣ 다른 템플릿으로 변경한 화면입니다. 2️⃣ ① 위·아래 템플릿 순서를 변경할 수 있습니다. ② 템플릿을 삭제할 수 있습니다. ③ [저장] 아이콘을 터치하여 완성된 카드를 다운로드할 수 있습니다. 3️⃣ ① 완성된 카드 [이름]를 입력합니다. ② 카드를 GIF로 저장하려면 버튼을 활성화합니다. 단, 카드가 2장 이상 되어야 GIF로 저장됩니다.
③ GIF 속도를 조절할 수 있습니다. ④ [저장]을 터치하여 완료합니다.

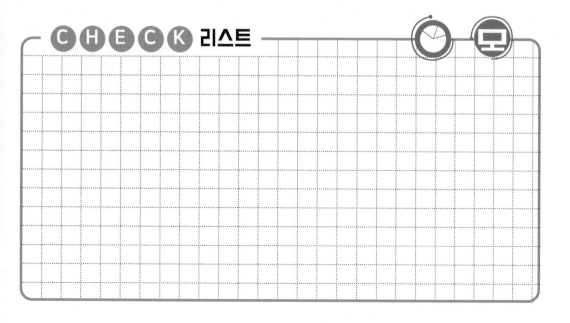

3 쓰샷(아이폰)

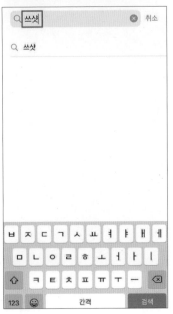

1 앱스토어에서 [쓰샷]을 검색합니다. 2 [쓰샷]을 설치합니다. 3 어플에서 간편하게 글을 쓸 수 있다고 안내하고 있습니다.

1 예쁘게 꾸밀 수 있다고 안내하고 있습니다. 2 사진을 배경으로 넣어서 추억으로 남길 만한 사진을 만들 수 있습니다. 3 만들어진 사진을 문자와 여러 SNS를 통해 공유할 수 있습니다.

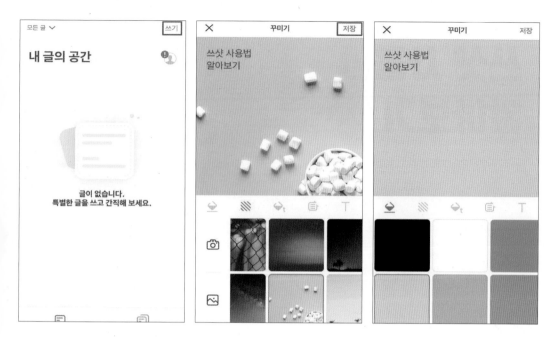

1 [쓰샷] 어플을 통해 이미지 파일을 만드는 과정을 보여 드리겠습니다. 오른쪽 상단 [쓰기]를 터치해서 새로운 작업을 시작합니다. 2 [쓰샷 사용법 알아보기]라고 입력하고 배경 사진을 골라서 적용했습니다. 3 사진이 아닌 기본적인 단색 배경 적용도 가능합니다.

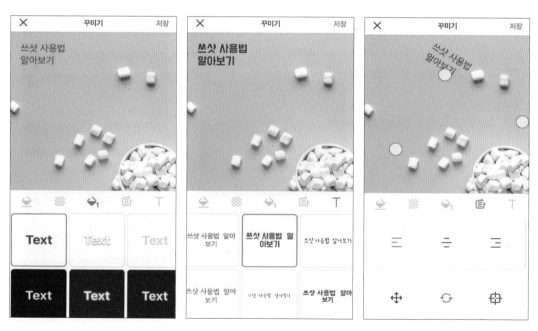

1 [Text] 메뉴로 가서 폰트의 종류, 크기 등을 변경할 수 있습니다. 2 입력한 내용에 폰트가 적용된 예시를 보며 선택할 수 있습니다. 3 폰트의 위치(왼쪽, 가운데, 오른쪽 등)와 방향(회전 등) 등을 수정할 수 있습니다.

스마트한 아무것이 스마트한 대한민국을 만들어 갑니다!

1 편집 과정을 통해 이런 이미지 파일을 만들었습니다. **2** [쓰샷] 어플은 만들어진 이미지 파일을 [공유] 기능을 통해 전달할 수 있습니다.

1 스마트폰의 어떤 기능을 통해 이미지 파일을 공유할지 선택하면 됩니다.

2,**3** [우리 글의 공간]에는 다양한 문구와 사진으로 만들어진 이미지 파일을 저장할 수 있습니다.